अस्मिता

कहानी संग्रह

अस्मिता

कहानी संग्रह

लेखक
धनराज शम्भु

स्टार पब्लिकेशन्स प्रा. लि.
नई दिल्ली

ISBN : 978-81-7650-655-7

प्रथम संस्करण : 2017

मूल्य : दो सौ रुपये (रु 200/-)

प्रकाशक :

स्टार पब्लिकेशन्स प्रा. लि.

4/5–बी, आसफ़ अली रोड

नई दिल्ली – 110 002

पृष्ठ संयोजन

विकास सैनी

मुद्रक :

स्टार प्रिन्ट–ओ–बाइंड, नई दिल्ली

Shambhoo, Dhanraj

ASMITA

Stories

SPPL, 2017

Price: Rupees Two Hundred Only

समर्पण

प्यारी पत्नी रूपा, बेटों अरुण-अविश, मां

और

प्यारे सुधि छात्रों, सहायकों, मार्गदर्शकों तथा

शुभचिंतकों को,

जिनकी प्रेरणा से पुस्तक प्रकाश में

आ पाई है।

इस कहानी संग्रह का स्वागत अवश्य करें।

शुभकामनाओं के साथ सादर समर्पित है।

कहानी : मेरी नज़र में

कहानी का जन्म मानव के जन्म के साथ ही हो जाता है। हालांकि वह शैशवावस्था में रहता है तथापि उससे जुड़ी हुई घटनाएँ कहानी का रूप ले लेती है। शायद उसे याद नहीं या अभिव्यक्त करने में सक्षम नहीं होता लेकिन उम्र के साथ उनके परिवार, मित्र, अभिभावक उन्हें सुनाते हैं और वह कहानी का रूप धारण कर लेती है। हरेक मानव के जीवन में कहानियों का अम्बार होता है। दुर्भाग्यवश वह अभिव्यक्त नहीं कर सकता। कहानीकार में वह दक्षता होती है जिसके माध्यम से तत्वों की कसौटी में कसकर वह समाज व पाठकों के सामने रख देता है। इस तरह एक से एक बढ़कर कहानियों का विकास होता है और सैकड़ों कहानियाँ बन जाती हैं।

प्रारम्भ में लगभग हर व्यक्ति को धार्मिक कहानियों से परिचित कराया जाता है। हर माँ अपने धर्मानुसार अपने इष्टदेव की कहानी सुनाती है। हिन्दू हो तो राम, कृष्ण, शिव, हनुमान, देवियों तथा रुचि एवं परम्परानुसार परिवार अपने शिशुओं को कहानियाँ सुनाती है। मुस्लिम हो तो अपने पैगम्बर, ख़लीफ़ाओं आदि के किस्से सुनाते हैं, क्रिश्चियन 'बाईबल' से अंतर्कथाओं को सुनाते और बौद्ध धर्म के मानने वाले गौतम बुद्ध की जीवनियों की कहानी सुनाते हैं। पुनः समय के साथ परिवर्तन आने पर यथार्थ की दुनिया में आते हैं और धर्म से निकलकर वह समाज परिवार और बाद में वह देश की घटनाओं को अपनी कहानी का केन्द्र बना लेता है। समाज में जिस तरह परिवर्तन होता है उसी प्रकार जीवन स्तर की नवीनता की धारा में बहते हुए नई शैलियों और कथा वस्तुओं का विकास होता है। एक समय था, जब तोते–मैना की किस्सागोई की जाती थी जिनमें काल्पनिकता भरी रहती थी। ऐसी कहानियाँ मात्र मनोरंजन या 'टाइम पास' के लिए हुआ करती थीं। जिन कहानियों को रच–पढ़कर पुलकित होते और औरों को भी इसका रसास्वादन करवाते थे। बाद में आदर्श कहानियाँ सामने आने लगी जिनसे परिचित होकर, पाठक जीने के मार्ग की तलाश में लग जाता है। वह अपने घुटन–टूटन,

अभाव व संत्रास को पहचानने लगता है और उसकी नज़र में भूत की कहानियाँ वर्तमान का रूप ले लेती हैं। हरेक कहानी के माध्यम से मनुष्य को शुद्ध चरित्र बनाने का पूरा–पूरा प्रयास किया जाता था।

समय का चक्र चलता ही रहता है और आज कहानी का रूप एकदम बदल चुका है। आज की कहानी जन्म से मृत्यु तक नहीं चलती। आज की कहानी में क्षणमात्र की घटना को तान–बुनकर कहानी का रूप तराश दिया जाता है। जैसे मुंशी प्रेमचंद ने गमले के एक फूल की संज्ञा देकर कहानी में एक ही घटना को स्वीकारा है पर आज मानव–जीवन में रोज़, हर क्षण एक घटना घट जाती है। यही कारण है कि आज की कहानी में परिवर्तन आ गया है और क्षणिक घटना ही एक कहानी का रूप ले लेती है। आज की कहानी मनोरंजन या रसास्वादन मात्र के लिए नहीं रह गई है। वरन् हर कहानी के माध्यम से कहानीकार एक समस्या या एक प्रश्न उठा देता है जिससे पाठक सोचने के लिए विवश हो जाता है। कभी–कभी वह स्वयं समस्या का हल भी निकाल लेता है। वह स्वयं अपने लिए तो निराकरण ढूंढ़ता ही है साथ में औरों को भी सीधी राह में और सही संदेश पहुँचा देता है।

यही सही है कि कहानी तत्वों के आधार पर कसी हुई हो लेकिन मेरी दृष्टि में कभी ऐसा नहीं माना जा सकता है कि यदि कोई कहानी तत्वों को ध्यान में रखकर नहीं लिखी गई हो तो वह कहानी नहीं। कभी–कभी कहानीकार यथार्थ का वर्णन जब करता है तो उसे यह याद ही नहीं होता कि वह कहानी के सारे तत्वों को ध्यान में रखा हुआ है। रचनाकार के रूप में वह अपनी रचना ईमानदारी से रच डालता है। अब आलोचक या समालोचक उस कहानी को समीक्षात्मक दृष्टिकोण से ये सारी चीज़ें खोजने का प्रयास करता है। कभी–कभी जब कहानी पाठ्यक्रम में आ जाती है तो अध्यापक या पाठक, परीक्षक या अंकन करने वाला अनेक प्रकार के मीन–मेख निकालते हैं। कभी–कभी तो कहानीकार स्वयं दंग रह जाता है जब पाठक कहानी पढ़कर उसकी समीक्षा करता है। कभी कहानीकार स्वयं सोच में पड़ जाता है कि कही मैं चूक तो नहीं गया। कहीं मैंने अतिशयोक्ति का प्रयोग तो नहीं कर दिया। कहीं मैंने ऐसी बात तो नहीं लिख दी जो पचाने योग्य न हो।

कहानी में कल्पना की कहाँ तक आवश्यकता होती है? एकदम सपाट रचना भी कहानी नहीं हो सकती और आवश्यकता से अधिक कल्पना भी कहानी की यथार्थता पर वार कर जाती है जिसके कारण उद्देश्य की प्राप्ति में कठिनाई होती है। एक समय था, जब हम कल्पना की दुनिया में उड़ना पसंद करते थे। तब हमारी पहुँच सीमित होती थी और बहुत सारी चीज़ों की जानकारी न रखने के

कारण कल्पना की उड़ान भरते थे। आज जिस युग में हम जी रहे है वह है... प्रौद्योगिकी की दुनिया। उंगलियों के पोरों पर जैसे दुनिया समा गई है। भूमंडलीकरण के इस युग में हम कल्पना की सहायता कुछ हद तक ले सकते हैं परन्तु पूरी तरह उसमें डूब नहीं सकते। रचना तो वही श्रेष्ठ मानी गई है जिसमें यथार्थवाद का प्रचलन हो। जिस रचना में हमें अपना चित्र नज़र आए तथा जिसके वर्णन में आप बीती सी घटना लगे। आज की कहानी केवल धार्मिकता या आदर्शवाद तक सीमित न रह कर हरेक क्षेत्र में अपना आधिपत्य जमा चुकी है। मेरी इन कहानियों में भी बड़े ही साधारण ढंग से कथावस्तुओं को साधारण व्यक्तियों के अंतर्गत ही से निकाला गया है। रोज़मर्रा के जीवन से बिताए हुए वक़्त की पुकार, घुटन, टूटन तथा धैर्य बँधाने का प्रयास है।

दूसरे शब्दों में कहा जा सकता है कि पुराने समय में मौखिक रूप में आख्यामिका को कथा का उद्देश्य प्रधान यानि नैतिक शिक्षा, तात्विक विवेचन, व्यक्तिगत प्रशंसा या धार्मिक उपदेश तक ही सीमित कर दी जाती थी, आज की कहानी शिल्प प्रधान बन गई है। आज की कहानी में हमारे जीवन शैली का सही रूप बताने का प्रयास किया जाता है। जीवन के संदर्भ, परिवेश, सोच, संवेदना, मानसिकता... सभी में परिवर्तन आ गया है। इसीलिए यदि हम उन प्रतिक्रियाओं को पहचान सकें तो हर अणु में एक कहानी है। हर मानव के चेहरे पर एक कहानी विद्यमान है। परिवर्तन के कई प्रभाव गिनाए जा सकते हैं जैसे ...औद्योगीकरण, प्रगति, वैज्ञानिक युग, राजनीतिक प्रभाव, मनोविज्ञान का प्रभाव, तथा प्रौद्योगिकी जिसके प्रभाव से भूमंडलीकरण का रूप विश्व ने धारण कर लिया है। आज की कहानियों द्वारा कहानीकार मन की अद्भुत गांठों को खोलने का प्रयास करते हैं। उन पर पड़ी हुई विचित्र परतों को उधेड़ने का प्रयास करते हैं जिससे चमत्कार पैदा हो जाता है।

मुंशी प्रेमचंद ने कहानी के माध्यम से समष्टि मंगल भावना का प्रयोग किया, भारतेन्दु बाबू ने चरित्रगत विशेषताओं पर प्रभाव डाला, जैनेंद्र ने मनोवैज्ञानिकता पर बल दिया, सत्य में मनोविश्लेषणात्मकता का सफलता पूर्वक आरम्भ किया। इस तरह समय के साथ नए कहानीकार जुड़ते गए और कहानी को नए आयाम देते रहे जो प्रगतिशीलता के लिए अति आवश्यक भी हैं।

मेरी कहानियाँ में आप इन्हीं मानसिकता की मिलती–जुलती धाराएँ पाएँगे जैसे 'हाय रे बुढ़ापा' में आज के समाज और घरों में वृद्धों की स्थिति कैसी होती है। उन को युवा तथा कामकाजी युवा पीढ़ी किस नज़र से देखती है, इसकी एक झलक सामने रखी गई है। 'एक और रूप प्यार का' में आप पाएँगे कि आजकल

प्यार नाममात्र के लिए रह गया है। प्यार का रूप ऐसा हो गया है कि गहराई से उस पर प्रेमी–प्रेमिका या प्रेमिका–प्रेमी पर विश्वास नहीं कर सकता। एक औपचारिकता निभाने तक ही प्यार करना हो गया है। ''तलाक़ कभी नहीं'' । आज के हमारे इस युग में शादी से अधिक तलाक़ का तांता लगा रहता है। ऐसी स्थिति में चालाकी भी चलने लगी है। कोई तलाक़ देना या लेना चाहता है तो कोई तलाक़ देना नहीं चाहता क्योंकि बीच में सम्पत्ति की दीवार और धन का लालच मुँह बाये खड़ा हो जाता है। 'बेहतर की तलाश' हर कोई बेहतर जीवन की तलाश में है, परन्तु भाग्य में शायद जो रहता है उसी को पाते हैं। कभी–कभी बेहतर की खोज करते हुए ऐसे फंस जाते हैं कि जीवन और भी बदतर बनकर रह जाता है। तब न जिया जाता है और न ही मरा जाता है। 'हमारा ललन' हर माँ–बाप के लिए उनकी औलाद प्यारी होती है। माता–पिता अपने बच्चे को प्यार–दुलार तथा सब कुछ देते हैं। इसके प्रति कहीं न कहीं उनकी एक छोटी इच्छा ज़रूर होती है कि जब उन्हें बुढ़ापा या कमज़ोरी घेर ले तो उनके बच्चे सहारा बने, मगर कभी ऐसा हो नहीं पाता। पेड़ पर कटहल और होठों पर तेल ही रह जाता है। 'किस पर विश्वास करें' आजकल तो एक कहावत सी बन गई है कि कसमें और वादे तोड़ने के लिए होते हैं। विश्वास अब पलता नहीं है। इस कहानी में ऐसे ही विश्वासघात का प्रश्न उठाया गया है। 'दूल्हे की प्रतीक्षा' नई–चमक–दमक की दुनिया की कल्पना करने वाली, स्वप्नों की दुनिया में जीने वाली लड़कियाँ सपनों के राजकुमार की प्रतीक्षा में रहती हैं, ऐसे में विशेष रूप से विदेश या पाश्चात्य संस्कृति में जीने की इच्छा रखती है। जो कभी असफल भी रहती है। इस कहानी में ऐसी ही एक समस्या को सामने रखा गया है जिसमें बेचारी दुल्हन अपने राजकुमार का इन्तज़ार करती रह जाती है और दूल्हे का पता नहीं होता है। 'एक और मोड़' जीवन का मार्ग कभी एक सा नहीं रहता, समय–समय पर मोड़ आ जाता है। गृहस्थी हो या प्रेमी–प्रेमिका के बीच का जीवन हो, समाज हो या परिवार ही क्यों न हो, परिवर्तन होता ही रहता है ऐसा ही प्रश्न इस कहानी में उठाया गया है। 'राजवन्ती खाली नहीं रही' बेकार और असहाय होने के बावजूद भी बिन ब्याही लड़की हताश नहीं होती, वह कुछ न कुछ कार्य करती है और अन्य ग़रीबों को साथ लेकर जीवन में प्रगति करती जाती है। 'कैसे बिखर जाते हैं' समय बड़ा बलवान होता है। कुछ अपनी ग़लती और कुछ ज़िद के कारण कैसे टूट जाता है आदमी। देखते–देखते रेत के घरौंदे के समान जीवन दरक जाता है। 'अपराधी कौन' कभी हम अपने अपराधी की तलाश में रहते हैं परन्तु वे कहीं और नहीं। अपने बीच ही होते हैं, लेकिन हम तय नहीं कर पाते हैं कि अपराधी कौन है। कभी लेखक भी तय नहीं

कर पाता है और वह प्रश्न उठाकर पाठकों पर छोड़ देता है। 'गौमाता' एक ऐसी कहानी है जो आधुनिक युग में आदमी भूलता जा रहा है। गौमाता, जिसे हम 'माँ' का दर्जा देते हैं, पाल–पोस कर हम प्रगति के शिखर पर चढ़ चुके हैं, परन्तु अब गाय का पालन कोई करना नहीं चाहता। इस कहानी में धार्मिक पक्ष को उठाते हुए (small scale business) अर्थात् छोटे मध्यम उद्योग पर भी ध्यान दिया गया है। इसी तरह अन्य कहानियों में भी समाज, परिवार एवं व्यक्तिगत के साथ विश्व में जो ज्वलंत समस्याएँ होती हैं उसी उजागर करने का प्रयास किया गया है।

मुझे पूरा विश्वास है कि मेरी अन्य पुस्तकों की तरह मेरे नए कहानी संग्रह 'अस्मिता' को आप पाठकगण अवश्य अपनाएँगे। साथ में, इतना ज़रूर कहूँगा आप इन कहानियों को पढ़कर इसमें आकर्षण और कमज़ोरियों की बात अवश्य बताने का कष्ट करें।

अंत में मैं विशेष आभार प्रकट करना चाहूँगा अपनी पत्नी 'रूपा' के प्रति जिनकी प्रेरणा से कहानियों को प्रकाशित करने का प्रयत्न किया। सर्वप्रथम उन्हीं की सलाह और सुझाव पर ये कहानियाँ प्रकाशित कर आप तक पहुँचाई हैं। अपने प्रकाशन गृह, पाठक वृंद एवं उन सभी लोगों के प्रति बहुत कृतज्ञता ज्ञापन करना चाहता हूँ। जीवन में सारी शुभकामनाओं के साथ पुस्तक आप को सादर समर्पित है।

धनराज शम्भु

14 नवम्बर, 2016

अनुक्रमणिका

हाय रे बुढ़ापा

साठ साल की माँ ललिता और पैंसठ साल के पिता सोन की बाँछें खिल उठीं जब उनके एकलौते बेटे ने संदेश दिया कि वह सात सालों बाद इटली से मॉरिशस वापस आ रहा है। ललिता को ऐसा लग रहा था कि उतने दिनों की पूजा आज शायद सफल हो जाएगी। पिता सोन की भी ख़ुशी का ठिकाना न रहा। सोन सोच रहा था कि उसका बेटा ऋषि ही तो उसके बुढ़ापे का सहारा बनेगा। दोनों जागते हुए अनेक प्रकार के सपने देखने लगे। कभी वे सोचते कि यदि उनका बेटा आएगा तो उस की शादी जल्द से जल्द कर देंगे क्योंकि उसकी उम्र बत्तीस पर चढ़ रही थी। अधिक उम्र में शादी करना भी तो अच्छा नहीं। कभी दोनों बूढ़ा–बूढ़िया बैठकर बातें करते, उनकी सारी बातों का केंद्र ऋषि ही होता। उन्होंने जब उसे गोद लिया था तो उनका केवल एक ही उद्देश्य था कि एक तो वह इनका वारिस बने और इनकी वृद्धावस्था में अंधे की लकड़ी बन मार्ग–दर्शन कर सके। औलाद पाने की सच्ची ख़ुशी आज इन दोनों की आँखों और चेहरों पर देखी जा सकती थी।

ललिता ने एक स्त्री को बुलाकर कहा – ''देखो! मेरा बेटा विदेश से बहुत सालों बाद आ रहा है। मैं चाहती हूँ कि उसका कमरा साफ़ हो।'' कमरे में पुराने सामान थे, आधुनिकता से परे। बूढ़े हो जाने के कारण वे घर की सफ़ाई पर ध्यान ही नहीं देते थे। ऐसा लगता था कि उनकी सारी इच्छाएँ मर चुकी हों। फिर नई इच्छा करने का क्या लाभ! स्त्री को भी अचरज लगा, फिर भी उसे तो काम करना था। एक दिन में, दिन ही कहाँ? तीन घण्टों में ढाई सौ रूपये मिल जाएँगे तो जो भी बोला जाए सुन लेगी। वह सफाई करने लगी। बुधवार के ग्यारह बजे तक कार्य पूरा हो गया। वह पैसे लेकर चली गई पर जाते–जाते इतना कह गई – ''ऋषि से मेरा भी नमस्कार कह देना।'' सफ़ाई के बाद भी घर में नयापन नहीं आ पाया। आए भी कहाँ से, पुरानी चीज़ों को कितना भी चमका दें पर वे पुरानी ही रहती हैं। कोई चीज़ ऐसी होती है जिसका मूल्य पुराने होने पर ही बढ़ता है लेकिन कुछ

चीज़ें पुरानी होने पर देखी भी नहीं जाती। अपने समय–इच्छा और माहौल को देखकर पति–पत्नी प्रसन्न थे।

उनके लिए एक दिन और काटना जैसे बोझ–सा हो गया था। ललिता सोच रही थी – क्या पकाएगी, क्या खिलाएगी, क्या बात करेगी, किस बात से बात शुरू करेगी। लड़की देखने कहाँ जाएगी, किस प्रकार की लड़की से बेटे की शादी करेगी? तरह–तरह के विचारों से उस का जीना कठिन हो गया था।

आखिरकार वह घड़ी आ ही गई जब ऋषि ने अपने मोबाइल से अपनी माँ को आने का संकेत किया। उस ने कहा कि चार बजे तक वह घर पहुँच रहा है। माँ और पिता उतावले हो गए थे। उन के लिए जैसे समय थम गया था। आज उन्हें महसूस हुआ कि सचमुच इंतज़ार की घड़ी बड़ी लम्बी होती है। लगभग चार बजे एक गाड़ी घर के सामने रुकी। दोनों जल्दी से घर से बाहर निकले। उन के सामने ऋषि खड़ा था। उस के साथ उस का मौसेरा भाई और उसकी पत्नी उसे छोड़ने के लिए आए थे। वैसे तो ऋषि हवाई अड्डे से टैक्सी द्वारा आना चाहता था लेकिन रवि को जैसे ही ख़बर हुई, वह उसे लेने के लिए पहुँच गया।

रवि अपने मौसेरे भाई के लिए बहुत कुछ करना चाहता था। वह भूला नहीं पाता था कि ऋषि ने इटली में उस की ख़ूब सहायता की थी। घुमाना, खिलाना–पिलाना... सब ऋषि के ज़िम्मे ही था। एक महीने तक रहने, खाने और सभी प्रकार के ख़र्च ऋषि ही उठा रहा था। यही कारण था कि रवि अपने कर्तव्य से मुख नहीं मोड़ना चाहता था।

माँ ने ऋषि को अपनी छाती से लगा लिया। उसे एक अजीब–सी ख़ुशी हुई। इतना सुकून शायद उस ने प्रथम बार महसूस किया। फिर पिता ने उसे गले से लगाया। रवि दोनों के प्यार को देखकर सोचते रह गया। उस की पत्नी ने उसका कंधा पकड़ लिया। ऐसा लग रहा था जैसे दोनों आत्म विभोर हो गए थे। ऋषि की माँ की आँखों से तो आँसू बह निकले। पिता का गला रुंध गया। मुँह से कोई भी शब्द नहीं निकला।

आखिर सभी ने अपने–आप को सँभाला। रवि ने इस भावपूर्ण वातावरण को तोड़ने का प्रयास किया। उसने सभी को सम्बोधित करते हुए कहा – ''मौसी, अन्दर भी चलो। क्या सारा वक्त यहीं पर गुजारेंगे! अभी कितने प्रकार के सामान भेंटस्वरूप लाए होंगे। 'ड्यूट फ्री शॉप' से भी तो कुछ खरीदे होंगे।''

ललिता सचमुच कुछ घड़ी के लिए सब कुछ भूल गई थी। रवि के कहने पर उसने भी जोड़ा – ''अरे हाँ बेटा! चलो अन्दर चलते हैं। मैं अभी सभी के लिए चाय लाती हूँ।''

''– मौसी, आप अकेली लाएँगी! मैं भी आप के साथ चलती हूँ। आप की सहायता करूँगी!'', रवि की पत्नी शिखा ने जोड़ा।

दोनों रसोईघर में चली गईं। ऋषि के पिता सोन ने सोचा कि मेहमान लोग आए हैं, कुछ उम्दा बिस्कुट देना चाहिए। इनके लिए बढ़िया बिस्कुट और क्या हो सकते हैं। वैसे तो वे 'विताबिक्स' और 'काबिन' शायद सबसे सस्ती वाले बिस्कुट खाते हैं। आज बेटे के लिए कुछ बढ़िया बिस्कुट निकाले। 'क्रीम क्राकर्ज़' यह बिस्कुट 'काबिन' से कुछ ज़्यादा अच्छे है। सोन दो–दो बिस्कुट में मक्खन डालकर रखते गया। अपने हिसाब से वह बेटे की खूब ख़ातिरदारी कर रहा था। माँ और शिखा चाय बनाकर लाईं। सभी लोग मेज की चारों ओर बैठे और हँसी–ख़ुशी से बात करते हुए चाय की चुस्कियाँ लेने लगे। ऋषि चाय पीते हुए अपनी आँखों को नचा रहा था। उसके मन में कई प्रकार के प्रश्न उठ रहे थे।

चाय के बाद रवि और शिखा नमस्ते कर उठे ऋषि को अपने यहाँ आमंत्रित करते हुए घर लौट गए। ललिता ने अपने बेटे से पूछा – ''बेटे ऋषि! जरा बताओ तो आज क्या पकाएँ? तुम क्या खाना चाहते हो? वर्षों बाद आए हो, हम तुम्हारी पसंद की ही चीज़ें पकाएँगे।''

– ''नहीं नहीं माँ, मेरी चिन्ता मत करो। मेरे संग एक साथी आया है। हम सभी एक जगह पर मिलने वाले हैं। शायद वहीं रेस्टोरेंट में खा लेंगे।'' माँ उदास हो गई। पिता भी मन मार बैठा। बहुत सँभलकर ललिता से कहा – ''ललिता ऋषि को जाने दो। आज अपने मित्र के साथ जा रहा है पर कल तो यहीं खाएगा। बढ़िया से बढ़िया खाना तैयार करेंगे और उसमें उन की पसंद की चीज़ें होंगी।''

ललिता थोड़ा सम्भल तो गई, लेकिन अन्दर ही अन्दर वह उदास थी, क्योंकि वर्षों बाद आने पर भी बेटा अपने माता–पिता के साथ नहीं खा रहा था। ऋषि चला गया। इधर उसके माँ–बाप ने अनमने ढंग से भोजन किया। रात्रि में वे इंतज़ार करते–करते सो गए। सुबह होने पर देखा तो ऋषि घर लौटा ही नहीं था। माँ–बाप को चिन्ता तो हुई लेकिन स्वयं को सांत्वना देने के लिए यह मान कर रह गए – यह नयी पीढ़ी का बच्चा है और विदेश में रह कर आया है। इसलिए उसे छूट है। सोन और ललिता अब इंतज़ार कर रहे थे कि कल शायद ऋषि आएगा और इनके साथ अपना समय बिताएगा। वे कई प्रकार की बातें कर रहे थे। उनकी सब से बड़ी इच्छा तो यह थी कि वे अपने बेटे की शादी कर दें।

दूसरे दिन ऋषि घर आया। माँ–बाप के आश्चर्य का ठिकाना नहीं रहा जब उन्होंने देखा कि ऋषि के हाथ में हाथ डाले एक अधेड़ उम्र की गोरी लड़की आ रही थी। दोनों अवाक् रह गए। ऋषि समझ गया कि उनके माता–पिता को

अचरज लग रहा था। उसने दोनों के आश्चर्य को दूर करते हुए बताया – ''यह मेरी ''गर्ल फ्रेंड' कीमी है। यह विदेश से मेरे साथ आई है।''

माँ–बाप ने, बात को बिना आगे बढ़ाए, उनको अन्दर बुलाया। वे लड़की से बात नहीं कर पा रहे थे क्योंकि उस लड़की की भाषा उन्हें आती ही नहीं थी। वे अपने बेटे से कहते और ऋषि कीमी से रूपांतर कर के कहता। नाश्ते के बाद उन्होंने दोनों को वहीं पर ठहरने का प्रस्ताव किया। ऋषि हिचकिचाया पर माँ–बाप से कुछ नहीं कहा। कुछ वक्त गुजारने के बाद माँ को समझा कर ऋषि कीमी के साथ बाहर निकल गया। उसने माँ! को सांत्वना दी कि शाम को वह आएगा और घर पर ही भोजन करेगा। माँ सोचती रही कि ऋषि बोल रहा है कि शाम को आएगा, यहीं पर खाएगा लेकिन कपड़े आदि कुछ भी नहीं लाया। खैर, वह देखेगा।

माँ ने सोचा कि आज अपने बेटे के लिए एक ऐसा पकवान पकाएगी जो उसे वहाँ पर नहीं मिलता होगा। उस के दिमाग में आया कि कोफ्ते के साथ बढ़िया गेहूँ के आटे का फुलके बना दे। साथ में, नारियल की चटनी पुदीने डालकर सिल पर पीस देगी। वह तैयारी में लग गई। सोन से कहा – ''देखो, दुकान से कोई चीज पीने को ला देना। पता नहीं वे कैसे खाते होंगे? फिर वह गोरी मेम! फिल्मों में तो खाते समय वे लोग 'वाइन' लेते हैं। ऐसा दिखाया जाता है।''

– ''हाँ ठीक है। तुम चिन्ता न करो। मैं एक बोतल 'वाइन' और एक 'बीयर' ले लूँगा। एक सॉफ्ट ड्रिंक भी ले लूंगा।'' सोन ने हिचकिचाते हुए जोड़ा।

इन सब के बावजूद भी सोन सोचता रहा – यह गोरी लड़की है कौन! ऋषि के साथ क्यों घूम रही है? उम्र में तो काफी बड़ी दीख रही है। कहीं ऋषि अपने साथ शादी के लिए तो नहीं लाया है? या वह इसके साथ ऐसे ही रहती तो नहीं? कई प्रकार के प्रश्न उसके दिमाग में आते रहे। उधर माँ भी सोचती रही – एक लड़की के साथ शादी की बात चलानी चाहिए। लेकिन उसे भी थोड़ा अचरज लगा कि यह गोरी कैसी लड़की है जो अकेली यहाँ आ गई है पराए देश में पराए लड़के के साथ!

तैयारी आदि करते हुए कितनी जल्दी शाम हो गई, पता नहीं चला। चौतरे पर मिट्टी का दीया टिमटिमाने लगा था। माँ ने संध्या कर घर में देवकूर के सामने अगरबत्ती जलाई और उससे घर को सुवासित कर दिया था। सारा कार्य समाप्त कर वह ऋषि का इंतज़ार करने लगी। साढ़े छह बज गए। वे टीवी पर सीरियल देख रहे थे। यूँ कहें कि टीवी सिर्फ ऐसे ही डाल दिया था। उन्हें तो पता भी नहीं था कि टीवी पर कौन–सी फिल्म चल रही थी। उन दोनों का ध्यान ऋषि पर केंद्रित था कि वह कब आएगा। आधे घण्टे बाद भी ऋषि की परछाईं न दिखाई

दी। माँ बार–बार देगची–कड़ाही स्पर्श करती, कहीं भोजन ठंडा न हो जाए। वास्तव में, सारा भोजन ठण्ड़ा तो हो ही गया था क्योंकि जब से पका था दो घण्टे से ज़्यादा बीत गए थे। माँ ने सोचा कि कैसे उनको ठण्डा भोजन परोसा जाए। फिर विचार किया कि जैसे ही वे लोग आ जाएँगे वह भोजन एक बार गरम कर देगी।

इतना सोच ही रही थी कि फोन की घण्टी बजी। सोन झपट कर फोन के पास गया। उसे ऐसा लगा कि यह ऋषि का ही फोन होगा। आख़िर उसने जो सोचा वही हुआ। वह ऋषि ही था। उसने कहा कि कीमी यहाँ नहीं आना चाहती थी। उसने यह भी बताया कि उसे भी घर की स्थिति अच्छी नहीं लगती। घर एकदम मैला है। सारा कुछ पुराना है। ऐसे में वहाँ कैसे रहा जा सकता है? पिता ने समझाने का प्रयास किया कि अब वह आ चुका है; उसके कहने पर सारा कुछ बदल दिया जाएगा। माँ ने भी उसे समझाया कि घर आ जाए फिर उस की इच्छानुसार ही घर की सारी चीज़ें बदल देंगे। जो थोड़े पैसे बचे हैं सब तो उसी के लिए हैं। इतनी सारी बातें सुनने के बावजूद भी ऋषि ने आने से इंकार कर दिया। वह अपने माँ–बाप के घर की बजाए अपने भाई रवि के यहाँ चला गया। वे दोनों वहीं पर रहने लगे।

माँ भीतर–ही–भीतर घुटने लगी। उसका रक्तचाप पहले से ही चढ़ा रहता था अब कुछ ज़्यादा ही चढ़ गया। एक रोज़ ऐसा हुआ कि इसी कारण उसे लकवा मार गया। वह बीमार हो, खाट पर पड़ गई। पिता ने लड़के को फोन करके बताया कि उसकी माँ को लकवा मार गया है। वह काम नहीं कर सकती। पलंग पकड़ बैठी है। आकर देख ले। अभी पिता बोल ही रहा था कि इसका मोबाइल कट गया। फिर कोई भी आवाज़ नहीं आई। पिता चिंतित हो गया। उसे पता नहीं चल रहा था कि लड़का आएगा या नहीं। पत्नी की देखभाल जहाँ तक हो सके, स्वयं करने लगा। स्वयं भोजन तैयार करता, कपड़े धोता, सारे घरेलू कार्य भी अपने ढंग से करता।

फोन करने के तीसरे दिन बाद ऋषि घर आया। इस बार उस के साथ कीमी नहीं थी। माँ–बाप की ख़ुशी का ठिकाना न रहा। उन्होंने उसे बिठाया। पीने के लिए जूस देकर कहा – ''बेटा ऋषि! बहुत दिनों बाद आज आए हो। आज हमारे साथ ही भोजन करना! हमें बड़ी ख़ुशी होगी।''

– ''नहीं पिताजी! आज मैं खाने के लिए नहीं आया न ही यहाँ रहूँगा भी। मैं तो बस आप लोगों से अपने लिए कुछ माँगना चाहता हूँ। माँ तो बीमार है, उससे बात करना व्यर्थ है। मैं आप ही से कह रहा हूँ – मुझे पैसों की बहुत आवश्यकता है।

मुझे जागीर का मेरा हिस्सा मिल जाए तो बेहतर होगा।''

बाप को धक्का–सा लग गया। उसे ऐसा लगा था कि बेटा इस बार सहायता करेगा। अपने माता–पिता को सिर–आँखों पर बिठा लेगा। शायद अपनी कमियों की पूर्ति करेगा। लेकिन यहाँ तो उलटी ही गंगा बह निकली। कुछ घड़ी के लिए वह चुप रहा। वह ऋषि की माँ से भी बोलने से कतराने लगा। सोचा, एक तो वह बीमार है, ऊपर से बँटवारे की बात! वह जानता और खूब समझता है कि सारी चीज़ें उस के बेटे की ही होंगी। मगर इस तरह देना उसे अच्छा नहीं लग रहा था। उस ने कहा – ''देखो ऋषि बेटे! सब कुछ तुम्हारा है। हमारे बाद सब तुम्हारा ही होगा लेकिन जल्दबाजी करने की आवश्यकता नहीं। तुम तो जानते हो, तुम्हारी माँ की हालत कैसी है?''

– ''देखिए पिताजी! मुझे किसी की परवाह नहीं। मैं यदि आज यहाँ आया हूँ तो सिर्फ यह सोचकर कि मुझे मेरा हिस्सा मिल जाए। रही प्यार, अपनापन, रिश्ते आदि की बात, ये सभी अपनी–अपनी जगह हैं।'' ऋषि ने बिना किसी रुकावट या हिचकिचाहट से कह दिया।

पिता को थोड़ा गुस्सा आ गया। उसने साफ कह दिया – ''तो क्या तुम ने सिर्फ हमसे पाने के लिए ही नाता जोड़ रखा है? तुम्हें हमारी जान की परवाह नहीं? मैं साफ कह देता हूँ – अपने जीते जी मैं तुम्हें कुछ भी नहीं दूँगा। आज मैंने तुम्हें समझ लिया है। अब मैं इतना ही कहूँगा – यदि तुम यहाँ रहना चाहते हो तो अच्छा है वरना...।''

ऋषि नाराज़ हो गया। वह जोर से चिल्लाकर बोला – 'आखिर इन चीज़ों पर मेरा हक़ है। अगर अभी न मिले तो बाद में किस काम की? मुझे विदेश जाना है और पता नहीं कब उधर से लौटना होगा? कल तक फैसला कर लेना और जवाब दे देना। मैं चलता हूँ।'' वह बोलकर जाने लगा।

उधर माँ ने उस की चिल्लाहट सुन ली। पहले से लकवे का शिकार तो थी ही, अबकी एक और झटका लगा। वह अब न बोल पाई न उठकर बैठ ही सकी थी। सोन पर तो जैसे दुःखों का पहाड़ ही टूट पड़ा। पत्नी की ऐसी हालत देख कर वह भगवान से प्रार्थना करता... बेहतर होगा यदि ईश्वर उसे इस दुःख से छुटकारा दे दे, उसे इस धरती से उठा ले।

ऋषि ने दूसरे दिन लगभग दस बजे फोन किया। कड़क आवाज़ में बोला – 'तुम ने मेरे हिस्से के बारे में क्या सोचा? दे रहे हो या नहीं?''

पिता ने सोचा कि बच्चा विदेश में जाकर संस्कार भी भूल चुका है। न राम न सलाम, बस यह चाहिए कि वह चाहिए...। परिवार क्या, अपनी माँ की हालत भी

नहीं देखता। सोन ने अपनी छाती पर पत्थर रखकर कह दिया – ''अभी मैंने नहीं सोचा है। देखो! तुम्हारी माँ बीमार है। हो सके तो देखने आ जाओ।''

– ''मुझे जरूरी काम है, मैं नहीं आ पाऊँगा।'' इतना कहकर नाराज़गी के साथ फोन रख दिया।

सुनने में आया कि दो दिन बाद ही ऋषि उस लड़की के साथ विदेश चला गया। उस की माँ की मृत्यु हो गई, लेकिन बड़ों की बात न मान कर ऋषि मृत्यु में भी नहीं आया। उस बूढ़े सोन से जो कुछ और जिस रूप में हो पाया, उसने अपनी पत्नी का अंतिम संस्कार किया। गाँववालों ने तो हमेशा की तरह उस की खूब सहायता की लेकिन कोई किसी का आंतरिक दु:ख कैसे बाँट सकता है! जीवन में जो कुछ भोगना लिखा होता है उसे किसी भी रूप में झेलना ही पड़ता है।

सोन अब दुनिया में अकेला ही रह गया। उसके भीतर की आह उसे खाए जा रही थी। वह भगवान से प्रार्थना करता रहता था कि अब उसके जीने से क्या लाभ? उसे महसूस हुआ कि जब पति से पहले पत्नी की मृत्यु हो जाती है तो पति अपाहिज जैसा हो जाता है। वह अपना संतुलन खो बैठता है और कभी जो न करना चाहिए वह कर जाता है। सोन भी अकेलेपन का शिकार और उम्र के हाथों विवश अकेला ही जी रहा था।

जब बुढ़ापे की कमज़ोरी ने उसे अच्छी तरह से दबोच लिया तो गाँववालों ने उससे प्रार्थना की और सोन ने भी उनकी बात मान ली। वह तय कर बैठा – कोई बात नहीं। वह भी अब बूढ़ों के आश्रम में जाएगा। उसे एक बात की चिन्ता मरते दम तक रहेगी कि उसका अपना बेटा अपने माँ की अर्थी को कंधा देने से इंकार कर गया। उधर, स्वयं आश्रम पहुँच कर सोचता रहा कि कम से कम यहाँ से उसकी अर्थी अच्छी तरह उठ सकती है। सभी कुछ के बावजूद भी बाप का दिल पिघल ही गया। उसने वसीयत बना दी कि यदि उस की मृत्यु हो जाए तो उसके बेटे को उस की सारी सम्पत्ति मिल जाए।

■■■

एक और रूप, प्यार का

शाम को लगभग पाँच बजे 'नापछड़ी' देखते ही मुकेश की आँखों में आँसू भर आए। वह एक पल के लिए चुप, अपनी जगह पर टिक गया। कमज़ोरी तो पहले से थी ही, अब उसके पैर भी जवाब देने लगे थे। पूरे बदन में शिथिलता आने लगी थी। दो क्षण के लिए खड़े रहने के बाद वह ज़मीन पर घुटनों के सहारे बैठ गया। फिर नीचे पसर कर आसन जमाते हुए फूट–फूटकर रोने लगा। "मेरा सोना कहाँ चला गया? मेरा सोना... सोना तू कहीं चला गया। अपने बूढ़े माता–पिता के बारे में भी नहीं सोचा? इतना स्वार्थी निकल गया। मेरा बेटा होकर तुमने सिर्फ अपना ही देखा? हाय रे! सोना... मेरा सोना!"

वह ऐसे रोता चला जा रहा था जैसे अभी–अभी उसके सामने कोई मुर्दा पड़ा हो। रुदन की आवाज़ सुनते ही शीला अन्दर से दौड़कर आई। मुकेश के कंधे पर हाथ रखते हुए सांत्वना देने का प्रयास कर रही थी। बासठ की उम्र थी पर वह जैसे सत्तर की लगने लगी थी। चेहरे पर झांई पड़ गई थी। गाल चिपकने लगे थे। आँखों के नीचे काले निशान पड़ने लगे थे। चेहरे का तेज कम हो गया था। कोई भी देखे तो यही कहे– "शीला कितनी सुन्दर स्त्री थी।" उसे देखकर यही आभास होता है कि सुंदरता सदा के लिए नहीं होती। जवानी हमेशा साथ नहीं देती। वह भी टूट–सी गई थी। फिर भी, स्त्रियाँ स्वभाव से पुरुषों से अधिक सहनशील होती हैं। इसी लिए वह अब तक मुकेश को सांत्वना बँधा रही थी।

"मुकेश!...कब तक तुम इस तरह रोते रहोगे? सोना को शायद भगवान भी बहुत चाहता था। वह तो था ही ऐसा कि जो भी व्यक्ति उस से एक बार मिल लेता उसके साथ एक रिश्ता–सा कायम हो जाता था। शायद उस की मिलनसार प्रकृति ने ही आज उसे इस तरह सब से जुदा कर दिया। अब तो हमें उस की यादों के सहारे ही जीना होगा। सँभल जाओ! चलो, अन्दर चलते हैं!"

वह उसको उठाते हुए अन्दर ले जाती है। वह यह सोचते हुए जाती है कि

इतना बड़ा घर, मोटरें, सारे सुख के सामान भरे पड़े हैं, कौन सँभालेगा? कौन इसका सुख भोगेगा? हम तो वृद्ध हो चुके हैं। सारी इच्छाएँ लगभग मर चुकी हैं। वह धीरे–धीरे मुकेश के पलंग तक पहुँच गई। उसे लेटाते हुए वह पानी लेने के लिए गई। लौटते समय नारियल का तेल लेते आई जो शीशी में गरमी के मौसम के कारण पिघल गया था। पानी पिलाने के बाद उस ने अपने पति के सिर पर नारियल का तेल डाला और धीरे–धीरे सहलाते हुए सुख पहुँचाने का प्रयत्न करती रही। मुकेश अवचेतनावस्था में लेटा हुआ था। वह कुछ भी नहीं बोल रहा था। बस, मन ही मन सोच रहा था कि आज यदि शीला मेरे पास नहीं होती तो मेरी दशा कैसी होती? मैं तो प्राणों से हाथ धो बैठता। उधर शीला सोच रही थी कि उसका एकमात्र सहारा मुकेश ही है। भगवान न करे उसे कुछ हो जाए।

कोमल हाथ फेरने से धीरे– धीरे मुकेश की आँख लग गईं। शीला को जब आभास हुआ तो वह दबे पाँव रसोईघर की ओर बढ़ गई और कुछ तैयार करने के बारे में छह–पाँच करने लगी।

नाप छड़ी मुकेश को अपने बेटे सोना की याद दिलाने लगी थी। सोना एक पहुँचा हुआ 'लैण्ड सर्वेयर' था। कई मित्र तो अलग से निजी रूप से खेती आदि का नाप लेते थे; बाद में सोना से हस्ताक्षर करवा लेते थे। सोना दिल का बड़ा उदार था। कोई कुछ पैसा दे तो दे, पर वह मुँह खोलकर माँगने वालों में से नहीं था। वह एक ऐसा पुत्र था जिसने अपने परिवार को सुख–ही–सुख दिया था। बड़ी दीदी की भले शादी हो चुकी थी, फिर भी वह ऐसे जीता था जैसे उस के जीजा और दीदी अभी तक उसके अपने ही घर के सदस्य हों। श्वेता के बाद वीणा भी उसे प्यारी थी। छोटी बहन होने के नाते वह उसकी आँखों का तारा ही बन चुकी थी। उसकी शादी के अवसर पर वह फूला नहीं समाया था। समुद्र तट के बंगले पर सभी परिवारों को निमंत्रित किया था। खुले भोज का प्रावधान था। जो भी वहाँ गया वह तृप्त होकर ही लौटा था। ऐसी घटनाओं के कारण सभी लोग उसे चाहने लगे थे।

समस्या तो तब शुरू हुई जब एक दोहरे चेहरे वाली लड़की ने उस से प्यार करने का नाटक किया। दिल के उदार बेचारे सोना पर प्रथम बार के लिए प्यार की बरसात हुई और वह उस में भीग गया। यहाँ तक कि वह लथपथ हो गया और प्यार की बाढ़ में डूबता चला गया। उन लोगों का प्यार शादी के बंधन तक पहुँच गया। मुकेश ने स्वीटी को पत्नी के रूप में स्वीकार कर लिया। परिवार ने उसे बहू का दर्जा देकर उस पर सारा प्रेम लुटा दिया। उसे सिर–आँखों पर बिठाकर रखते थे। यहाँ तक कि शीला उसे अपनी बेटियों की तरह ही प्यार देती थीं।

स्वीटी बहुत प्रसन्न तो थी लेकिन साथ में चालाक होने के कारण उसने भाँप लिया था कि यह परिवार बहुत ही भोले किस्म का है।

स्वीटी के परिवार वाले गैर कानूनी काम करने के आदी हो चुके थे। बड़ा चाचा तो जेल भी काट चुका था। हवालात की हवा खाना जैसे उनकी आदत सी हो गई थी। जंगल के किनारे घर होने का उन्होंने भरपूर लाभ उठाया। गाँजे की खेती भारी मात्रा में करता था। उसके ग्राहक उच्च कोटि के लोग हुआ करते थे। सभी लोग अपने दाँतों तले उँगली दबा रहे थे कि कितनी जल्दी इन लोगों ने इतनी प्रगति कर ली। जहाँ–तहाँ ज़मीन की ख़रीदारी, अच्छी गाड़ियाँ आदि देख कर लोग सोचते थे कि यह सब कुछ काले धंधे का ही परिणाम हो सकता है।

स्वीटी ने अपनी आदत के मुताबिक सोना को अपने रंग में ढ़ाल दिया। दोनों शहर में कार्यरत थे। स्वीटी सप्ताह में एक–दो बार खुफिया सामान अपने पिता के ग्राहकों तक पहुँचाती थी। धीरे–धीरे सोना भी अभ्यस्त हो गया। दोनों को इस कार्य में काफी सफलता मिली। सोना ने भी देखते–देखते अपने जीवन का स्तर बदल दिया। खान–पान, रहन–सहन तथा सुख और आराम के सामानों से घर भर गया। एक दो जगहों पर बंगले और ज़मीन की ख़रीदारी भी हो चुकी थी। अच्छे ट्रेड मॉर्क की गाड़ियाँ उनके आँगन में खड़ी नजर आने लगी थीं। यूँ कहें कि जीवन ऐश–ओ–आराम से बीतने लगा। भगवान ने भी दो सुन्दर पुत्र दिए जो राजकुमारों के समान ही जीते थे। लोकन अक्सर यह कहा जाता है कि बहुत मीठे में चींटी पड़ ही जाती है, अति का नतीजा बुरा होता है और ग़लत ढंग से कमाए हुए धन के साथ बुराई भी आती है। सोना के साथ भी ऐसा ही हुआ। कब उसमें जुआ खेलने की, हर प्रकार की बेटिंग करने की चाह; फुटबॉल या घुड़दौड़ एवं कैसिनो ही क्यों न हो, उसकी आदत पड़ गई। उसके साथ जाने वाले मित्र ही दंग रह जाते कि एक दाँव में कभी पचास हज़ार तक की बाज़ी लगा देता था। उस के साथी आपस में बात करते – "अरे सोना तो पागल जैसा खेलता है।" देश का कोई रेस्टोरेंट शायद ही बचा हो जिसमें सोना ने अपने मित्रों या पत्नी–बच्चों के साथ कदम न रखा होगा। यह सही है कि आज के युग में जब साथ में पैसा हो तो लड़कियाँ भी बगल में पटने लगती हैं। अतः सोना के संबंध कई लड़कियों से जुड़ते और छूटते गए, लेकिन सोफिया ने इसे इस तरह से जकड़ा कि वहाँ से छूटने का नाम न ले पाया। ऐश–ओ–आराम से मौका ही नहीं मिलता कि वह स्वीटी को या बच्चों को उचित मात्रा में समय दे सके। बातों–बातों में खिट–पिट होने लगी। स्वीटी उन लड़कियों के समान ही थी जो सब कुछ चुपचाप बरदाश्त करती रही। उसने बारम्बार धमकी दी, पर सोना पर उसका कोई असर नहीं

होता था। अंततः उसे भी क्रोध आया। वह किसी की परवाह न करते हुए लड़कों के साथ जीवन–बसर करने लगी। सप्ताह दर सप्ताह 'ब्वॉयफ्रेंड' बदलने लगे। सारे लोग परेशान हो गए। मुकेश और शीला के सिर शर्म से झुक गए लेकिन सोना पर कोइ खास असर नहीं हुआ। उसे स्वीटी की परवाह नहीं थी। सभी लोग कहते थे कि शायद कोई ऐसी घटना घटी हो जिसके कारण सोना ऐसा करता होगा।

एक रोज़ सोना और स्वीटी के बीच तू–तू, मैं–मैं होने लगी। सोना आपे से बाहर आ गया। उसने थोड़ा नशा लिया था इसलिए जोर से बात करने लगा। ''मैंने तुम्हारे जीने का ढ़ंग देख लिया है। अब तुम में स्त्री का कोई भी गुण नहीं बचा है। बेशर्मी और बेअदबी की हद से गुज़र चुकी हो। बड़े और छोटे का लिहाज नहीं। तुम राक्षसी बन चुकी हो।''

''– कुछ भी कहो! पहले तो तुम्हीं ने मुझे यह रास्ता दिखाया। मैं बोलती रही लेकिन मेरी बातों का असर तुम पर बिल्कुल नहीं पड़ा। अब तो तुम्हें भुगतना ही पड़ेगा।'' स्वीटी ने एक पुरुष की तरह अकड़कर कहा।

''– मैं कहता हूँ कि चुप रहो और अपनी मर्यादा में लौट आओ। मैं तुम्हें एक मौका और दे सकता हूँ।''

''– मैं काफी दूर निकल चुकी हूँ। अब मेरी चिन्ता करना छोड़ दो। तुम अपना देखो, मैं अपने रास्ते चलूँगी।''

''– अगर ऐसी बात है तो निकल जाओ मेरे घर से। ऐसी स्त्री को बरदाश्त नहीं कर सकता। चलो, निकलों यहाँ से।'' वह स्वीटी का हाथ खींचता हुआ निकालता है। तभी मुकेश आ जाता है। ऐसी घटना को देखते हुए चुप नहीं रह सका। उसे जोर से बोलने की आदत तो थी ही। उसने गरजकर कहा – ''क्या तमाशा है...? तुम लोगों ने इस घर को नरक बना दिया है। तुम दोनों को इस घर से निकल जाना चाहिए, विशेषकर स्वीटी को। तुमने तो सारी सीमाएँ पार कर दी हैं।''

स्वीटी से यह बात बरदाश्त नहीं हुई। उसने झट से टैक्सी को फोन किया और मायके का रास्ता ले लिया। सोना उसे रोकता रहा लेकिन सारी कोशिशें व्यर्थ हो गईं। मायके जाने के बाद मोबाइल द्वारा अक्सर गाली–गलौज करती रहती। एक बार उसने धमकी भी दी – ''उस बूढ़े ने मुझे भला–बुरा कहा है। मेरी बेइज़्ज़ती की है और तुमने मेरे जीवन को नर्क बनाया है। तुम दोनों को नहीं छोड़ूँगी। तुमको अब पता चलेगा कि किस व्यक्ति से पाला पड़ा है?''

सोना ने भी नाराज होकर कह दिया – ''हम भी हाथ पर हाथ धरे नहीं रहेंगे। जो तुम्हारी मर्ज़ी, करो।''

इस जवाब से स्वीटी और भड़क उठी। वह अपने पूर्व प्रेमी की सहायता से सोना के परिवार को नष्ट करने के लिए काम करने लगी। इधर सोना अपनी नयी प्रेमिका के साथ गुलछर्रे उड़ाने लगा। बच्चों की देखभाल की जिम्मेदारी मुकेश और शीला की हो गई। अब बस दोनों परिवारों के बीच धमकी या गाली–गलौज द्वारा ही बातें होती थीं। परिस्थिति बिगड़ती गई। स्वीटी में एक अजीब प्रकार की ज़िद्दी थी। वह समय–असमय सोना के घर में बच्चो को देखने के बहाने आ जाती। इस आने–जाने में वह क्या–क्या करती थी, किसी को पता नहीं था। आश्चर्य तब हुआ जब एक रोज़ मुँह अंधेरे घर में सी.आई.डी. आ गई और सोना के कमरे से नशीले पदार्थ बरामद कर लिए। ड्रग–तस्करी के आरोप में सोना गिरफ्तार कर लिया गया। मुकेश के होश उड़ गए। उसे कुछ समझ नहीं आया कि यह कैसे और किसने किया। किसी भी तरह सोना को 'बेल' पर निकालने का प्रयत्न किया और दोस्तों आदि की सहायता से उसे बाहर निकाला।

जेल से लौटने के बाद सोना और भी टूट गया। वह बिगड़ता चला गया। कभी इस लड़की के साथ होता तो कभी दूसरी के साथ। घर लौटने का समय नहीं था। इस बात पर माँ समझाने की कोशिश करती। लेकिन मुकेश नाराज हो जाता और अपनी ऊँची और गम्भीर आवाज़ में डाँटता ही रहता।

बात उस समय ज़्यादा बिगड़ गई जब स्वीटी ने तलाक़ की माँग की। तलाक़ ने तो सोना को उतना दुःखी नहीं किया। पर जब स्वीटी ने फोन करके बताया कि वह दोनों बच्चों को अपने यहाँ रखेगी और बहुत जल्दी वह एक इंजिनियर से शादी करने जा रही है तो सोना को अपने कानों पर विश्वास न हुआ। एक कम पढ़ी–लिखी दो बच्चों वाली तलाक़शुदा स्त्री को एक इंजीनियर कैसे पसंद कर सकता है? सोना इस विषय पर थोड़ा खोज करने लगा और पाया कि यह बात सही है। अब उसके सामने यह समस्या थी कि यदि वह शादी कर रही है तो बच्चों को क्यों लेना चाहती है। सोना ने हिचकिचाते हुए अपने माता–पिता को बताया। उन्हें भी आश्चर्य हुआ। वे सोचने लगे कि वे अपने बच्चे लेकर ही दम लेंगे। वे इस विषय में खोज–बीन करने के लिए कानून की सहायता लेने लगे।

जिस प्रकार सोना और उसके परिवार ने यह कार्य शुरू किया उसी प्रकार स्वीटी ने भी ऐसा ही कार्य शुरू किया। निष्कर्ष में स्वीटी की जीत नजर आ रही थी। कारण यह था कि अभी सोना के और केस थे। दो–दो बार ड्रग तस्कारी में रंगे हाथों पकड़ा गया था। अभी पता नहीं कितने दिनों तक इसका केस चलेगा, फिर यह निश्चित था कि इसको कम से कम पाँच सालों की सजा तो होगी ही। इस हालत में बच्चों की देखभाल की ज़िम्मेदारी माँ को ही मिलना सम्भव था।

उधर, सुनने में आया कि स्वीटी 'नाइट–लाइफ' की आदी हो चुकी थी। नशीले पदार्थ, सिगरेट आदि से उसका गहरा नाता जुड़ गया था। कभी यदि रात्रि में रेस्टोरेंट या होटल नहीं जा पायी तो पाँच–साढ़े पाँच बजे से ही अपना जाम बनाने लगती। उसे अपने माँ–बाप, भाई–बहन–भाभी की बिल्कुल चिन्ता नहीं थी। हालाँकि वह पिता के घर की बगल में एक घर में रहती थी, जो एक विदेश में बसी हुई बहन का था। फिर भी, वह आए दिन किसी न किसी को बकरा बना ही देती और घर ले आती थी। उसका जीवन पाश्चात्य सभ्यता में बीतने लगा।

सोना से ज़्यादा मुकेश और शीला संत्रास की स्थिति में जी रहे थे। बचपन से इन्होंने उन दो बच्चों को सारे सुख और आराम देकर पाला था। उन्हें सोना पर भी क्रोध आ रहा था क्योंकि कितने लोगों के कहने के बावजूद भी सोना ने स्वीटी से शादी की थी। सबसे आश्चर्य की बात तो यह थी कि उसके अपने फूफा ने शादी से मना किया था पर सोना प्यार में अंधा हो चुका था। वह कहाँ किसी की बात मानने वाला था! अब सोना की नींद उड़ गई थी। उसे लगता था कि उसका सारा करा–धरा आज शून्य में आ गिरा। सारे पैसे खेत आदि सब कुछ मिले–जुले खाते में था। उधर, जब दो साल सोना ने जेल में बिताए थे तो ऐश–ओ–आराम में स्वीटी ने पैसा पानी की तरह बहा दिया था। सोना को कभी पेट–दर्द, छाती–दर्द तो और अन्य प्रकार के रोग सताने लगे।

एक बात का वह बड़ा ही कायल था। भले ही उसके जीवन में कितनी ही समस्याएँ हों, वह किसी से कुछ नहीं बोलता था। एक रोज़ वह कमज़ोरी महसूस कर रहा था। सोचा, खाने से पहले एक 'रेड बूल' नाम का उत्तेजक पेय पी ले। वह इसका आदी था। माँ से कहा – ''माँ, आज मैं अपना खाना कमरे में खाऊँगा।''

– ''ठीक है। लेकिन सब खाना पड़ेगा। कई दिनों से कोई भी काम ढंग से नहीं कर रहे हो।'' माँ ने थोड़ी डाँटने की अदा से कहा।

सोना खाना लेकर कमरे में चला गया। उसने तश्तरी से एक दो टुकड़े मुर्गी ली, 'रेड बुल' खोलकर पीने लगा। खा–पी लेने के बाद कमरे में ही टीवी देख रहा था कि लगभग एक घण्टे के बाद उसे असह्य सिर दर्द हुआ। वह सहन करते–करते सोने की कोशिश कर रहा था, मगर दर्द बढ़ता गया। वह मंज़िल से नीचे माँ को सूचना देने आया। उतरते–उतरते ही माँ को पुकारा। शीला और मुकेश तुरंत बाहर निकले।

– ''क्या हुआ? क्या हुआ, सोना.... क्या हुआ...?''

शीला ने आवाज़ दी... ''हाँ सोना बेटा...बोलो क्या हुआ? बोलो बेटा...!''

सोना कुछ नहीं बोल पा रहा था। वह बेहोश हो गया था। ऐसा लग रहा था कि धड़कन चल रही थी पर बदन ठंडा हो चुका था। शीला ने पड़ोसी को पुकारा। वे तुरंत अस्पताल की ओर रवाना हुए। अविलम्ब उसे आई.सी.यू. में दाखिल कर दिया गया। उसके साथ कई प्रकार की मशीनें लगाई गईं। पूछने पर डॉक्टर ने बताया – ''यदि होश आ जाए तो कुछ कहा जा सकता है।''कई दिन बीत गए पर उसके स्वास्थ्य में किसी प्रकार का परिवर्तन नहीं देखा गया। आठवें दिन सारी मशीनें निकाली गईं। जिसका उनको डर था वही हुआ। सोना ने पुनः होश में आना स्वीकार नहीं किया। उसने दम तोड़ दिया।

अंतिम दर्शन के लिए स्वीटी आई थी। उसे देखने पर ऐसा लगता ही नहीं था कि उसने कोई कीमती चीज खोई है। बस, पाँच मिनट तक दरवाज़े की चौखट पर खड़ी होने के बाद लौट गई। घर लौटने के बाद शाम को फोन किया कि मैं अपने दोनों बच्चों को लेने आऊँगी। तृतीय दिवस के यज्ञ के बाद वह दोनों बच्चों को ले गई।

■■■

तलाक़? कभी नहीं!

रति कभी एक जगह पर बैठकर लगातार सोच में डूबी रहती कि क्या विषय से शादी करना उचित होगा। उसकी उम्र मुझसे तेरह साल ज़्यादा है। घर में एक अधेड़ उम्र की बिन ब्याही बहन है। सास बेचारी अस्वस्थ हैं। ससुर का देहांत हो चुका है। घर भी टीन का साधारण–सा है। विषय जिला परिषद् में 'फोर मेन' का काम करता है। पंद्रह हज़ार रुपये तक मासिक कमा लेता है। माँ को भत्ते मिलते हैं। सौभाग्य से दो भत्ते प्राप्त हो जाते हैं। सरकार की नीति के अनुसार एक विधवा का और दूसरा... अस्वस्थता की देखभाल के लिए। कुल मिलाकर लगभग पाँच हज़ार तक प्राप्त हो ही जाते हैं। उधर, बहन को भी एक भत्ता मिल जाता है। उसकी ख़ूबी यह है कि वह 'वाक्वा'की टोकरी अच्छी तरह बना लेती है। उसके बेचने से भी आमदनी हो जाती है। इन सब के बावजूद रति के मन में शंका है कि क्या वहाँ ब्याह करें। उसके दिमाग में यह बात भी चलती रहती है कि इस का परिवार साधारण जाति का है पर विषय का परिवार ब्राह्मण कुल का है। आगे चलकर कहीं समस्या न उत्पन्न हो जाए। उधेड़–बुन तो काफी हुई पर अंत में परिवारों के दबाव और रति के परिवार की लाचारी ने ब्याह के लिए हामी भरवा ही दी।

रति ने 'स्कूल सर्टिफिकेट' और हिन्दी में उत्तमा 'साहित्य' रत्न की परीक्षा देकर सफलता पाई थी। माँ ने विधवा होते हुए भी अपनी तीन बेटियों और एक बेटे को कुछ हद तक पढ़ाया अवश्य था। कभी भाग्य साथ नहीं देता नहीं तो रति भी छोटी–मोटी नौकरी कर लेती। उस समय यदि लड़की नौकरीशुदा न हो तो अधिक उम्र तक घर में रखना अच्छा नहीं समझा जाता था। यही कारण है कि रति की माँ कुसमावती ने कुछ ज़्यादा ही दबाव डाल कर शादी करवाई। रति ने शादी कर ली। वह शुरू में आराम और खुशहाल गृहस्थ जीवन बिताने लगी। एक साल बाद एक छोटी बच्ची का जन्म भी हो गया। माँ और विषय ने पहले ही से एक

प्यारा नाम सोच रखा था। उन्होंने उसको 'कुसुम' नाम दिया। कुसुम एक बहुत ही प्यारी बच्ची थी। लेकिन घर ही के कुछ लोगों को इसकी ख़ुशी देखी नहीं जाती थी। मीला, उसकी ननद ने मन–मुटाव प्रस्तुत करना शुरू किया। धीरे–धीरे बीमार सास की आँख में भी रति खटकने लगी। जैसे ...समय–समय पर व्यंग्य करना, चीज़ें छुपा देना। विषय से चुगली करके घर का वातावरण एकदम असह्य जैसा होने लगा। रति ने उन दोनों से बात करना छोड़ दिया। घर में इनको सिर्फ एक कमरा दिया गया। रसोईघर, शौचालय सभी एक साथ प्रयोग करते थे।

धीरे–धीरे कुसुम बढ़ने लगी। एक दिन रति ने विषय को अच्छी स्थिति में पाकर कहा – "विषय, कुसुम बड़ी हो रही है। एक कमरे में कब तक समय बिताएँगे? हमें अपना घर बनाना चाहिए। बगल में दस पेर्स ज़मीन पड़ी है। माँ से माँग लो, फिर लोन लेकर एक छोटा घर बना लेंगे।" विषय मान गया। उसने दूसरे ही दिन से बैंक की प्रक्रिया आरंभ की। माँ से भी ज़मीन मिल जाने की पूरी सम्भावना थी। वह माँ का चहेता तो था ही और जिस प्रकार उसकी देखभाल विषय करता था, कोई भी माँ अपने बेटे पर पूर्ण विश्वास कर ही लेगी।

एक महीने के बीच ही सारा प्रबंध हो गया। विषय को घर का 'प्लान' बनाना आता था। अतः उसने एक छोटा पर बढ़िया नमूना बनाकर उन दफ्तरों में भेजा जहाँ से परमिट के लिए माँग की जाती है। सारा कुछ ठीक से चला और तीसरे महीने में घर की शिलान्यास–विधि भी हो गई। विषय की जानकारी मकान निर्माण में भी अच्छी थी इसलिए खम्भे बनाने का काम अपने एक मित्र के साथ मिलकर करने लगा। लगभग छह महीनों में घर बनकर तैयार हो गया। गृहप्रवेश–विधि के बाद वे अपने नए घर में रहने चले गए। रति की ननद मति के जलने की आदत में जैसे ईंधन पड़ गया। वह तरह–तरह की व्यंग्य भरी बातों का प्रयोग करने लगी। बल्कि पड़ोसी लोग ही रति के परिवार या उसकी सास से हमेशा कहते – "क्यों बहु पर इतना गभिया मारती है? तुम्हारी बेटी मति की आदत ख़राब है।" दूसरे उसमें जोड़ते "जिस घर में ननद ब्याही नहीं होती और भाभी से बड़ी होती है ऐसे घर में शादी करना अच्छा नहीं। वह हमेशा घर की बहू को सताती है।"

विषय को थोड़ी चिन्ता होने लगी। पहले दो लोग रूखी–सूखी खाकर, साधारण कपड़े पहनकर जीवन काट लेते थे पर अब तो एक बच्ची भी थी। उसके लिए कपड़ा, दूध और अन्य खर्च में काफी पैसे चले जाते थे। उधर, बैंक के क़र्ज़ के भुगतान के लिए वेतन से पैसे कटने लगे थे। रति साधारण स्वभाव वाली लड़की थी। उसने हमेशा जीवन में सँभल कर कदम रखना सीखा है। पैसे बचाकर रखने के कारण ही उसने विषय को जब तीस हज़ार रुपये एक बार में दिए तो विषय

दातों तले ऊँगली दबाने से रुक नहीं पाया। उस ने रति से पूछा भी था –

"कहाँ से पैसे आए? कहीं तुमने किसी से उधार तो नहीं लिया? तीस हज़ार जमा कर लेना साधारण बात नहीं!"

रति ने हँसते हुए उसको बताया था... "विषय, मेरे हाथ की रेखाएँ ऐसी हैं कि मेरे पास हमेशा पैसे रहेंगे। यह तो छोटा–सा प्रमाण है।"

विषय अपनी चिन्ता से कैसे बचे? उसे एक उपाय सूझा। ब्राह्मण तो है ही। उसके पिता जी की कुछ कर्मकांड सम्बन्धी पुस्तकें भी हैं। उधर से वह शाकाहारी भी है। सोचा कि पंडिताई क्यों न सीख लूँ। विचार आते ही उसने अपने दूर के पंडित चाचा से मुलाकात की। चाचा ने उसके ऐसे विचार का स्वागत किया। चाचा को गर्व हुआ कि चलो, हमारे परिवार में एक और पुरोहित हो जाएगा। चाचा ने जल्द ही विषय को अपने पास बुलाया। शिक्षा अविलम्ब शुरू हो गई। कुछ ही दिनों में विषय ने मंत्रों और विधियों को कंठस्थ कर डाला। चाचा के साथ काम भी करने लगा। जान–पहचान बढ़ने लगी और देखते–ही–देखते वह पंडित की श्रेणी में आ गया।

जिस प्रान्त में विषय रहता था उधर ज़्यादातर वैदिक विधि का प्रचलन था और पंडित भी वैदिक ही अधिक पाए जाते थे। विषय पौराणिक पंडित बन गया। पौराणिक विधि में इतनी पूजा–विधि या धार्मिक अनुष्ठान होते हैं कि पंडितों का अभाव हो ही जाता है। विषय को अब कार्यों से खाली समय नहीं मिलता था।

रति दूसरे बच्चे के लिए गर्भवती हो गई। विषय रति को समय ही नहीं दे पाता था। कभी रति तंग आ जाती और मन ही मन सोचती कि विषय व्यर्थ ही पंडित बन गया। पैसे तो मिलते हैं लेकिन उसका साथ नहीं मिलता। ज़िन्दगी बिताने के लिए पैसे ही सब कुछ तो नहीं। पत्नी के लिए पति का साथ, बच्चों के लिए उनका पिता भी अधिक आवश्यक है। कई बार रति ने विषय से कहा भी – "विषय, अब थोड़ा कम काम लो। हमारे पास पैसों की इतनी तंगी नहीं है। कुछ समय हमारे लिए भी बचाकर रखो। "विषय कहे बिना नहीं रह सकता कि – "लक्ष्मी जब आती है तो उसे छोड़ नहीं सकते। अभी पैसे कमाने का समय है। बाद में खरमास आ जाए तो झख मारना पड़ जाएगा। मुझे पैसे कमा लेने तो दो।"

दूसरी लड़की का जन्म हुआ। उसका नाम 'दीक्षा' रखा गया। सभी प्रसन्न तो हुए लेकिन विषय का दिल जैसे बैठ–सा गया। वह एक लड़का चाहता था मगर भगवान की मर्ज़ी के सामने किसी का चलता ही कहाँ है? फिर अपने आप को सांत्वना देता – "अरे कोई बात नहीं। लड़कियाँ लक्ष्मी होती हैं। आख़िर बच्चा कोई भी हो, बच्चा ही होता है। परंतु उदासी और निराशा ने विषय को थोड़ा

झकझोर दिया। उधर, उसकी माँ का भी देहान्त हो गया। घर पर ननद–भौजाई में लगभग रोज़ ही नोक–झोंक होती रहती थी। घर लौटने पर विषय के कान पक जाते थे। यह माहौल विषय को घर से जैसे ऊबा रहा था। उसे घर अच्छा नहीं लगता था।

उधर तीसरी बार रति गर्भवती हुई। सभी लोग दुआ करते रहते कि इस बार भगवान उनको लड़का दे। रति ने तो पिछली बार इतने ताने सुने थे कि अब उसे डर लगने लगा था। सोचती थी, यदि इस बार भी लड़की का जन्म हो जाए तो ननद या विषय तो बातों में सरसों रखने की जगह न देंगे, जितनी व्यंग्य बातें करेंगे। वह भगवान से हर समय अर्चना करती। विषय भी अपनी प्रार्थना में एक पुत्र की माँग अवश्य करता।

पड़ोस के लोग भी विश्वास दिलाते कि चिन्ता की बात नहीं, इस बार तुम्हें पुत्र अवश्य होगा। रति और विषय को भी भरोसा होता। उधर, कुसुम और दीक्षा भी यही चाहती थीं कि उन दोनों बहनों को एक भाई, मिल जाए। कम से कम रक्षा–बंधन के दिन वे भाई के लिए तो तरस नहीं खाएँगी। इसी आस पर सभी का समय ऐसे कटा कि किसी को पता तक नहीं चला। आखिर वही हुआ जो किसी ने सोचा तक नहीं था। उनके परिवार में एक और लक्ष्मी ने जन्म लिया। 'प्रार्थना' घर की सब से छोटी बच्ची बन गई। बहनों ने तो उसका स्वागत किया पर माता को धक्का–सा लग गया। पिता को तो और भी मिर्ची लग गई। उसने तो यहाँ तक सोच लिया कि वह सभी को छोड़कर कहीं और चला जाए लेकिन समाज में अपने स्थान एवं स्तर को देखते हुए ऐसा नहीं कर पाया। पुरोहित का समाज में काफी ऊँचा स्थान जो होता है। विषय लड़कियों को उतना प्यार नहीं दे पाता था। ज़रुरत की चीज़ें तो ठीक, मगर कभी भी बैठकर एक साथ बात करना, साथ भोजन करना, आपस में हँसी–मज़ाक, इन सब बातों का अभाव पाया जाने लगा। बाप के प्यार से बच्चे कटने लगे। रति भी अपने पति का प्यार नहीं पा रही थी।

विषय अपने सामाजिक और आध्यात्मिक कार्यों को बराबर करता रहा। हर प्रकार की पूजा–कथा के पीछे उसका सारा समय कट जाता था। उसे घर की चिन्ता करने की गरज़ ही नहीं रही। पड़ोस के गाँव में एक रामायण–मंडली का जन्म हुआ। उसका मुख्य संचालक विषय को ही बनाया गया। इसने भी उस पद को स्वीकार किया। कुछ भजन–कीर्तन तो वह गा लेता था मगर कुछ ज़्यादा निखार लाने के लिए वह महात्मा गांधी संस्थान से संगीत का कोर्स लेने लगा। एक साल का प्रमाण–पत्र सत्र (सर्टिफिकेट कोर्स) पूरा कर लेने के बाद उसे और भी प्रसिद्धि मिल गई। इधर रति चिन्ता में घुटती रहती। कई प्रकार की बीमारियों

ने उस पर हमला कर दिया। दोनों बड़ी लड़कियाँ पढ़ाई पूरी कर नौकरी में भी जुट गईं। प्रार्थना की पढ़ाई का भार दोनों लड़कियों... कुसुम और दीक्षा ने ले लिया। प्रार्थना बहनों का प्यार पाकर प्रसन्न थी परन्तु माता–पिता की खिच–खिच से ग्रसित हो गई थी। जहाँ एक ओर ज़िद्दी थी वहीं उसमें चिड़चिड़ापन भी आ गया था। घर की स्थिति तनाव से ख़ाली नहीं थी।

विषय घर से ज़्यादा समय अपनी मंडली में देने लगा। इसका भी एक कारण था। प्रीति मंडली की एक महत्वपूर्ण सदस्या थी। उसने पति से झगड़ा मोलकर तलाक़ भी ले लिया था। अब इन दोनों ऊँचे ओहदे वालों में काफी नजदीकी आने लगी थी। इस उम्र में यानि उनसठ और पचास साल की उम्र में उत्पन्न उनके बीच की भावना को पता नहीं प्यार का नाम दिया जा सकता है या नहीं, पर दोनों के बीच आकर्षण पैदा हो गया। प्रीति एक स्वतंत्र स्त्री थी। उसपर किसी प्रकार का दबाव नहीं था... न पति का डर, न सास–ससुर का। बच्ची भी अभी कम उम्र की थी। विषय को भी सब प्रकार के बंधन होते हुए भी परवाह नहीं थी। वह मंडली के बहाने प्रीति को ज़्यादा समय देने लगा। प्रीति को भी जैसे अंधे को दो आँखें प्राप्त हो गईं। दोनों देर रात्रि तक रियाज़ करते और विषय प्रीति के यहाँ ही रात का भोजन कर लेता। रात्रि में कितने बजे घर लौटता, किसी को पता नहीं था। वह अपने घर से एकदम कट कर रहने लगा। तीनों बेटियाँ भी समझने के लिए विवश हो गईं कि उनके पिता जीते जी भी उनके नहीं रहे। रति अन्दर ही अन्दर विषय से घृणा करने लगी थी पर अपनी पीड़ा किससे कहती? वह बस अपने अन्दर ही घुटती रहती।

विषय विषय–भोग के आगोश में प्रवेश कर अन्त तक पहुँचता गया। नौबत यहाँ तक आई कि अब वह घर भी कभी दो, तो कभी तीन दिनों बाद आता। उसने घर पर यह भी कह दिया – "अब तुम लोग अपना देखो। मैं किसी की ज़िम्मेदारी नहीं लूँगा।" उस दिन तो हद ही हो गई जब रति ने कहा– "रविवार को एक डॉक्टर कुसुम को देखने के लिए आ रहा है।" विषय ने न 'हाँ' कहा न हीं 'ना'। रविवार आया और डॉक्टर साहब भी आए। चाय–वाय तो हुई। गम्भीर बातें शुरू हुईं। सगाई की बात जब छिड़ी तो विषय ने साफ–साफ बेशर्म की तरह कह दिया – "मैं किसी भी कार्य में भाग नहीं लूँगा।" यहाँ तक कि डॉक्टर साहब से भी कहा – "मैं तो इस घर में अजनबी की तरह हूँ। मेरा इनसे कोई रिश्ता नहीं। यदि तुम शादी करना चाहो तो यह तुम्हारी इच्छा।"

डॉक्टर साहब को आश्चर्य हुआ। इससे ज़्यादा अचंभा उनके माता–पिता को हुआ। उन्हें लगा कि जो अपने ही घर में तंग से जीते हैं वे दूसरे घर में कैसे बसर

करेंगे? जिस पिता के संस्कार ही ऐसे हैं लड़की में क्या संस्कार भरे होंगे? क्या ब्राह्मणों में भी ऐसे विचार होते हैं? वे असमंजस में पड़ गए। पिता ने बेटे को अलग बुलाकर कानों में कुछ फुसफुसाया पर सामने आकर नम्र स्वभाव से कहा – ''भाई साहब – बहन! आप लोगों ने हमारा अच्छा स्वागत किया, इसके लिए धन्यवाद। लड़की बहुत अच्छी है, पर हम तुरंत जवाब नहीं दे सकते। आपको जल्द ही उत्तर मिल जाएगा।''

''भाई साहब यह तो हमारा कर्तव्य है। यदि उत्तर जल्द ही मिल जाए तो अच्छा होगा।'' रति ने बड़ी ही विनम्रता पूर्वक कहा।

''अच्छा नमस्ते'' बोलकर सभी ने बाहर का रास्ता लिया।

कुसुम समझ गई कि बात आगे नहीं चलेगी। पिता की बात और व्यवहार से कोई भी उनकी भावना को समझ ही लेगा। रति जैसे टूट–सी गई। उसे ऐसा महसूस हुआ – जिस पति के साथ शादी के बाद इतने दिन गुज़ार दिए, जिसको तीन–तीन अच्छी मेहनती और मेधावी बेटियाँ दीं उसका व्यवहार इतना नीच, उसने कभी सोचा भी न था। उसने महसूस किया कि आज बाप ही बेटी का दुश्मन बन गया है। दो दिन बाद ही फोन द्वारा उत्तर मिला – ''आव–भगत के लिए धन्यवाद पर लड़के को लड़की पसन्द नहीं।'' तब से कुसुम ने पता नहीं क्या सोचा, वह शादी के नाम से काँप जाती। उसकी देखा–देखी दीक्षा ने भी शादी का नाम सुनना अस्वीकार कर लिया था। यहाँ तक कि कभी उनकी माँ या अन्य सहेलियाँ भी पूछती – ''क्या तुम लोगों का 'ब्वॉयफ्रेंड' नहीं है? क्या तुम किसी से प्यार नहीं करतीं? जवाब में सिर्फ यही बात आती – ''ये सब बेकार की चीज़ें हैं।''

कुछ ही सप्ताह बाद घर की दशा और बिगड़ गई। विषय घर कम आने लगा। आता भी तो सिर्फ कुछ कपड़े आदि बदलकर या साथ लेकर चला जाता। घर के किसी भी व्यक्ति से बात भी नहीं करता। राशन तो दूर, अब घर के बिजली–पानी का ख़र्च भी देना बन्द कर दिया। रति इन सब घटनाओं से और बीमार रहने लगी। उसे ऐसा लग रहा था कि अपनी बेटियों की नज़रों में भी वह अपमानित हो चुकी थी। कभी तो यहाँ तक सोच लेती कि क्या पागल कुत्ते ने काटा था जो तीन–तीन बेटियों को जन्म दिया।

रति ने अपने भाइयों की सहायता लेने की सोची। उसका एक चचेरा भाई वकील और कई अन्य अच्छे पढ़े–लिखे ओहदेदार थे। सभी भाइयों ने एकजुट होकर अपने जीजा जी को समझाने की कोशिश की। सभी की बातों और सलाहों को विषय ने ध्यान से सुना। लोगों को लगा कि अब बात बन जाएगी। सभी धैर्य देते हुए अपने घर चले गए। रति को भी बात बनती हुई नजर आने लगी। वह

अपने आपको थोड़ा हल्का महसूस करने लगी।

सांत्वना और आशा की किरण सिर्फ एक दिन की रही। दूसरे ही दिन विषय ने वकील को देखकर एक तलाक़नामा भेजा। रति के हाथ में वह आते ही जैसे उसके पैर तले की ज़मीन खिसक गई। सैकड़ों बिजलियाँ जैसे एक बार उस पर टूट पड़ीं। उसने कभी सपने में भी नहीं सोचा था कि विषय और उसके बीच ऐसी घड़ी भी आएगी। वह कुछ घड़ी के लिए चुप बैठी रही। उसकी धड़कनें तेज हो गई थीं, आँखों से आँसू बह चले थे। कुछ घड़ी तक मौन छाया रहा। इसके बाद रति ने साहस बटोरा। वह मन ही मन कह उठी – "ऐसे व्यक्ति से अब क्या उम्मीद की जा सकती है? बेहतर होगा कि उसे तलाक़ दे ही दूँ।"

दूसरे ही पल यह भी विचार आया कि उसे इतनी आसानी से तलाक़ नहीं देना चाहिए। युवावस्था से सारा कुछ उस पर न्योछावर कर, दुःख–सुख सह कर, बच्चों को जन्म देकर, परवरिश कर शिक्षा ग्रहण करवाने के बाद अब उसे स्वतंत्र छोड़ दूँ?...नहीं। यदि उसे यूँ ही छोड़ दिया जाएगा तो एक गलत रास्ते पर चलने वाली स्त्री को बढ़ावा तो मिलेगा ही, साथ में विषय को भी प्रोत्साहन मिलेगा। एक साल में उसे नौकरी से अवकाश मिल जाएगा और 'लम्पसम' तथा अन्य रकम प्राप्त होगी। इसके हकदार रति और बच्चियाँ हैं। यदि इनको न देकर उस प्रीति को सौंप दिया तो बड़ा ही अन्याय हो जाएगा। इन विचारों को मस्तिष्क में जन्म देकर रति ने सोच लिया – तलाक़..कभी नहीं!

■■■

बेहतर की तलाश में

गृहस्थ जीवन स्वर्गिक आनन्द का जीवन माना गया है। हर ब्रह्मचारी शादी के स्वप्न में देखता है कि उसकी पत्नी या पति सपनों का राजा–रानी होगा। राजकुमार या राजकुमारी जैसे बच्चे होंगे। स्वर्ग जैसा एक छोटा घर होगा। घर के सभी सदस्य एक–दूसरे से मिलकर बड़ी प्रसन्नता पूर्वक जीवन बसर करेंगे। लेकिन जीवन सपनों में जीने के लिए नहीं होता है। ज़िन्दगी एक संघर्षमय विषय है, उतार–चढ़ाव से परिपूर्ण होती है। चुनौतियों से ओत–प्रोत होती है। जो भी व्यक्ति इस बात को आत्मसात कर लेता है वह जीवन में सफलता प्राप्त कर लेता है।

नवीन भी शादीशुदा जीवन के सुखों को प्राप्त करना चाहता था। वह शिक्षा मंत्रालय के एक विभाग का प्रशासनिक प्रबंधक जैसा बन गया था। लोगों को आश्चर्य होता था। इतनी कम उम्र में ऐसा पद लेना, सौभाग्य की ही बात है। लेकिन इनके जीवन में तो कई लोगों का हाथ है। परिवार, समाज और सबसे बड़ी सहायता तो पी.बी. याने 'पॉलिटिकल बाकिंग' की है। कहा जाता है जिसके सिर पर राम का हाथ हो उसे किस चीज की कमी हो सकती है!

नवीन ने प्रभा नामक लड़की को देखा। वह उसी रास्ते से होकर एक स्कूल में अध्यापिका का कार्य करने जाती थी। प्रतिदिन बस–स्टॉप पर उसे खड़ी देखकर नवीन को अच्छा नहीं लगता था। उसे लगता था कि ऐसी लड़की को बस की प्रतीक्षा करना शोभा नहीं देता। एक रोज़ साहस बटोरकर उसने प्रभा को पुकारा। प्रभा पहले चौंकी, फिर मोटर के पास खिसक आई। नवीन ने इशारा किया कि अन्दर आ जाओ। प्रभा को आश्चर्य हुआ पर आज के युग में पली थी और वातावरण को समझती थी। वह मोटर में प्रवेश कर गई। नवीन ने मोटर को आगे बढ़ाते हुए कहने का साहस किया – "मेरा नाम नवीन है। मैं शिक्षा मंत्रालय में कार्यरत हूँ। रोज़ इसी रास्ते से गुज़रता हूँ। आपको बस–स्टॉप पर खड़ा देखकर मुझे अच्छा

नहीं लगता है। इसी कारण मैंने आपको लिया। आपको एतराज़ तो नहीं न! मुझ पर विश्वास कर सकती हैं।''

''ऐसी बात नहीं है। मैं एक अध्यापिका हूँ। प्रभा मेरा नाम है। यह मेरा रोज़ का सफर है। बस द्वारा जाने की आदत हो चुकी है।'' मुस्कराते हुए प्रभा ने कहा।

रास्ते में एक–दूसरे से परिचय के बाद परिवार की जानकारी प्राप्त करते रहे। यह सिलसिला रोज़ की दिनचर्या–सा बन गया। दोनों एक–दूसरे के करीब होते गए। अपनेपन का सिलसिला जुड़ गया।

सप्ताह के अंत में एक–दूसरे से किसी रेस्त्रां या सिनेमाघर में मिलने के बाद ही सप्ताह बीत पाता था। दोनों में प्यार का रिश्ता तो बन ही गया पर घर के लोग अब तक इससे अनजान थे। नवीन ने शादी करने का फैसला कर लिया। उसने अपने परिवार को प्रभा के बारे में बताया। उधर, प्रभा ने नवीन के बारे में घर पर बताया। दोनों परिवारों ने रिश्ता स्वीकार कर लिया। हालाँकि उनकी जाति में ऐक्य नहीं, फिर भी जब किसी के पास सम्पन्नता हो तो आज के युग में इस बात पर कोई ध्यान ही नहीं देता। इस विचार का पालन तो निर्धन द्वारा ही होता है। बात पक्की हो गई और शादी भी बड़ी धूम–धाम से हुई। वे अपने गृहस्थ जीवन का स्वर्गिक आनन्द लेने लगे। नवीन चाहता था कि एक बच्चे का जन्म हो जाए तो उनके जीवन में सोने में सुहागा हो जाएगा। लेकिन गृहस्थ जीवन में दोनों जनों की सहमति की आवश्यकता होती है। प्रभा को अपने 'फ़िगर' पर विशेष ध्यान था। वह नहीं चाहती थी कि शादी के तुरंत बाद ही वह अपनी शारीरिक डीलडौल में आकस्मिक परिवर्तन ला दे। वह गर्भवती होना नहीं चाहती। यही कारण है कि तीन वर्षों तक यह सिलसिला चलता रहा। कभी–कभी उनके बीच में झगड़ों का कारण भी यही विषय बन जाता। नवीन कुंठित होकर जीवन बसर करने लगा। कहने पर भी प्रभा नहीं मानती थी।

नवीन जहाँ नौकरी पर था, एक स्त्री से उसका नज़दीकी रिश्ता जुड़ने लगा। वह अपनी सारी कठिनाइयों और समस्याओं से कांता को परिचित करा देता था। इसके बावजूद उन दोनों में अब तक पवित्र ही रिश्ता था। किसी के दिमाग में किसी के प्रति बुरी भावना या अवैध सम्बन्ध का विचार नहीं था। मगर लोग उनके व्यवहार में प्रेमी–प्रेमिका का ही दृश्य देखते थे। धीरे–धीरे यह बात प्रभा के कानों तक भी पहुँची। गृहस्थ जीवन में किसी तीसरे का प्रवेश घर में किरकिरी का कारण बन जाता है। इनके बीच भी यही हुआ। और धीरे–धीरे दोनों के रिश्ते में दरार पड़ने लगी। बात यहाँ तक पहुँच गई कि वे एक–दूसरे से अलग जीने का विचार करने लगे। ऐसा हुआ भी। गृहस्थ–जीवन में जब माँ–बाप की ओर से

सहायता अच्छी बात की जगह गलत को बढ़ावा दिया जाता है तो गृहस्थी बिगड़ जाती है। इनके जीवन में भी अलगाव आ गया। कानूनी सलाह और निर्णय पर प्रभा यहीं इसी घर में रहने लगी। दोनों पति–पत्नी तो थे पर अब उन के बीच कोई रिश्ता नहीं रहा। घर आधा–आधा बँट गया। दोनों एक घर में ही अलग–अलग रहने लगे। एक–दूसरे से बात तक नहीं करते। अब तो नौबत यहाँ तक पहुँची कि वे एक–दूसरे को देखना तक नहीं चाहते थे। अपने के बीच में रहते हुए परायों की तरह जीवन–बसर करने लगे।

नवीन और प्रभा ऐसे जीते थे कि कोई तीसरा परिवार उनके जीवन में दखल नहीं दे पाता था। दोनों अपने–अपने कार्य में रत थे। नवीन की नयी मोटर थी। फिर भी प्रभा उसमें कभी नहीं चढ़ती। नवीन के सामने ही वह पैदल बस–स्टॉप तक जाती और बस द्वारा अपने कार्य–स्थल तक पहुँचती। शाम को लौटने पर नवीन कभी कुछ खाद्य खरीद लाता और खा लेता। इधर, प्रभा अपनी इच्छानुसार भोजन तैयार करती लेकिन कभी किसी से न कुछ पूछती न माँगती। दोनों एक–दूसरे के लिए अनजान बन चुके थे। अब तक नवीन अपनी पैतालिसवीं वर्षगाँठ मना चुका था और प्रभा अड़तीसवीं।

उसका लिहाज न करते हुए प्रभा के जीवन में एक और पुरुष का आगमन हो गया। प्रभा नवीन से अलग होने पर पंडितों के पास जाने लगी थी कि कोई ऐसा नुस्खा हाथ लगे और उनमें सुलह हो सके। पर बात प्रतिकूल हो गई। अनेक पंडितों में से एक के साथ एक नए रिश्ते ने जन्म ले लिया। प्रभा पंडित राकेश से शायद प्रेम कर बैठी। पंडित जी ने भी अपनी पत्नी को छोड़ दिया था। उनके दो बच्चे माँ और नानी की निगरानी में रहते थे। कई वर्षों तक इसी तरह जीने पर उन्होंने तलाक़ भी ले लिया था। पंडित राकेश से नाता जुड़ जाने पर प्रभा ने भी नवीन से तलाक़ की माँग की। नवीन के सामने कोई विकल्प नहीं था। उसने अविलम्ब तलाक़नामे पर हस्ताक्षर कर दिए।

कुछ दिनों बाद ही प्रभा ने पंडित जी से ब्याह रचा लिया। नवीन खून का घूँट पीकर रह गया। फिर भी वह जीवन से हारा नहीं। उसने संकल्प कर लिया कि किसी तरह एक अच्छा जीवन बिताने का प्रयास करेगा। प्रभा शादी कर चुकी थी पर कभी–कभी पंडित के साथ अपने पुराने घर भी आती थी। उसे नवीन से किसी प्रकार का भय नहीं था, लज्जा नहीं थी। वह अपनी धुन में जीने लगी। अब उसे किसी प्रकार की चिन्ता न थी।

राकेश भी प्रभा को पाकर प्रसन्न था। सबसे बड़ी प्रसन्नता इस बात की थी कि वह पंडिताई के अलावा और कोई नौकरी नहीं करता था। कभी पुरोहिताई का

काम मिलता तो कभी नहीं। और अब तो प्रभा से शादी कर लेने के बाद उसके चरित्र पर जैसे एक दाग़–सा लग गया। पंडितों का जीवन तो बेदाग़ और पवित्र होना चाहिए। वे तो ब्रह्मचर्य का पालन करने वाले होते हैं। चाहें तो आजीवन ब्रह्मचारी रह सकते हैं। यही कारण है कि राकेश को अब लोग दरकिनार कर देते थे।

प्रभा को प्रति मास वेतन प्राप्त होता था। राकेश के लिए प्रभा सोने के अण्डे देने वाली मुर्गी बन गई थी। प्रभा इस बारे में कभी नहीं सोचती थी कि उसके पैसे का प्रयोग उसका नया पति राकेश खूब करता है। वह बड़े आराम का और स्वतंत्र जीवन बिताता है। यहाँ तक कि प्रभा के पैसे अपने बच्चों के पास भी भेजने लगा था। इस व्यवहार से प्रभा थोड़ा सोचने लगी थी। इसका तो कोई बच्चा नहीं था पर इसके पैसे किसी गैर के पास पहुँच रहे थे, यह अच्छी बात नहीं थी। उसने तय किया कि अब वह अपना वेतन अपने खाते में ही रखेगी। राकेश को अच्छा नहीं लगा। अक्सर ऐसा होता है, मनचाही वस्तु को जब प्राप्त करते हैं तो अच्छा लगता है। पर जब वह मिलना रुक जाती है तो चिन्ता होने लगती है। दिमाग थकने लगता है। हर जगह कुंठा नजर आने लगती है। राकेश की स्थिति भी ऐसी ही हो गई थी। एक रोज़ उसने प्रभा से कहा "प्रभा! क्या हुआ? अब तुम मुझे पैसे नहीं देती। अब तुम्हारे जीने का ढंग बदल गया है। कोई खास कारण है क्या?"

प्रभा ने सब जानते हुए भी ऐसा उत्तर दिया कि जैसे कुछ हुआ ही नहीं। "खास बात! अरे नहीं राकेश। खास बात क्या हो सकती है? मैं तो सोचती हूँ कि हमें भविष्य के लिए थोड़ा पैसा रखना चाहिए। अभी शायद हमारे बच्चे भी होंगे। उनके भविष्य के बारे में तो सोचना चाहिए न।" "बच्चे...! "एक व्यंग्य भरी हँसी के साथ राकेश ने जोड़ा –"बच्चे जब होंगे तब देखा जाएगा। अभी ही से क्यों उनकी चिन्ता करें? और क्या मालूम बच्चे भी होंगे या नहीं? मैं तो कहता हूँ कि अभी जो करना है कर लेना चाहिए। जीवन का भरपूर आनन्द उठा लेना चाहिए। फिर भी, तुम चाहती हो तो अपने पैसे अपने पास रख सकती हो। लेकिन एक बात मैं कह देता हूँ। मुझे जब पैसों की आवश्यकता होगी, तुम्हें देना ही होगा।"

प्रभा राकेश की बात को ध्यान से सुन रही थी। वह समझ गई कि राकेश अब त्योरियाँ बदल रहा है। लग रहा है कि वह प्रभा के पैसे पर ज़्यादा ध्यान दे रहा है। वह हामी भरती रही लेकिन अन्दर ही अन्दर सोच रही थी कि अब राकेश की इच्छाओं और हरकतों पर अधिक ध्यान देना होगा। प्रभा सामान्य रूप से, पहले जैसे ही जीती रही लेकिन राकेश की बातों और कामों पर ध्यान देती रही। उसने पाया कि राकेश प्रभा में कम और अपनी पहली घरवाली और बच्चों में ज़्यादा

दिलचस्पी ले रहा है। शुरू में जिस प्रकार की भावना प्रभा के प्रति थी, जिस प्रकार की चाहत थी, आदर था और वह विश्वासपात्र मानी जाती थी, आज सिर्फ उस से काम लिया जाता है।

रोज़–रोज़ की शंका प्रभा के दिमाग़ में राकेश के प्रति थोड़ी नफरत को जन्म देने लगी। दिन–प्रति दिन वह अपनी नाराज़गी को रोकने का प्रयास करती रही लेकिन कभी–कभी पानी सिर से ऊपर आ जाता है। विश्वास–अविश्वास में बदल जाता है। उस समय दिलो–दिमाग़ में कुछ और बात जन्म लेने लगती है। कई बार चेतावनी देने के बावजूद भी राकेश नहीं सँभला। वह प्रभा से ज़्यादा अपनी पहली पत्नी कांता के घर पर रहने लगा। कमाई का धन भी उधर जाने लगा। यहाँ तक कि हर बार कोई–न–कोई बहाना बनाकर वह प्रभा से भी पैसे ऐंठ लेता था। उधर शादी और घर की पुनः सजावट के लिए प्रभा 'लोन' भी ले चुकी थी। सारा भुगतान करने के बाद उसके वेतन से थोड़े ही पैसे बचते थे। फिर भी वह प्रसन्न थी क्योंकि राकेश उसके साथ था। पर अब समय और व्यवहार भी प्रतिकूल हो गए थे। अंततः प्रभा को घर छोड़ना पड़ा। राकेश को दुःख नहीं हुआ। उसने कांता को आमंत्रित कर लिया। वह भी घर में रहने लगी। जैसे ही स्कूल की छुट्टी हुई, बच्चे भी आ गए।

प्रभा अपने पुराने पति के घर वापस आ गई। वह कुंठित होकर जीने लगी थी। उसे चिन्ता हो रही थी कि भविष्य का जीवन कैसा होगा... कैसे जी पाएगी? उसे नवीन के जीने के तरीके पर दया आने लगी थी लेकिन लज्जा के कारण वह कुछ कह नहीं पाती थी। बस, वह देखती रही। वह अपने तरीके से जीती रही और नवीन अपने तरीके से। कभी कोई किसी से बात भी नहीं करता था। दोनों अपने–अपने अंतः में सोचते कि हमसे क्या हो गया। विशेष रूप से प्रभा सोचती थी कि स्वर्ग जैसा घर, अच्छे पति को मैंने ठोकर मार दी। आज यहाँ से वहाँ भटकना पड़ रहा है। बाकी का जीवन कैसे बीतेगा? इसकी चिन्ता एक ओर। दोनों तरफ के परिवार के प्रति अपमान; उधर राकेश के परिवार के प्रति द्वेष। क्या करे और क्या न करे उसे कुछ सूझता ही नहीं था। नवीन पर शक करके उसने अपना जीवन नर्क बना दिया।

इधर नवीन सोचता था कि ऐसी स्त्री को क्षमा नहीं किया जा सकता। ऐसी नारी जो एक बार अपने पति का घर छोड़कर दूसरे व्यक्ति के साथ चली गई हो उस पर कैसे विश्वास किया जा सकता है। यदि उसे अपना लूँ तो जगहँसाई होगी। लोग मुझे धिक्कारेंगे। मैं पुरुषत्व के स्तर से नीचे गिर जाऊँगा। उससे तो बात करने में भी कठिनाई होगी। अभी तो उसका सामना करना ही मुश्किल है।

एक रोज़ सुबह जागने पर, उसे बड़ा आश्चर्य हुआ। एक हाथ में एक कप चाय थामें प्रभा उसकी ओर बढ़ रही थी। नवीन असमंजस में पड़ गया। वह चाय ले या न ले, वह सोच ही रहा था कि एक मीठे और पछतावे भरे स्वर में बात आई – ''भले आप मुझसे बात न करेंगे, कोई बात नहीं पर चाय तो लीजिए। ''प्रभा ने नवीन की ओर हाथ बढ़ाते हुए कहा।

नवीन झट से उठा और बिना कुछ बोले स्नानघर की ओर चल पड़ा। वह काफी देर तक सोचता रहा। उसके सामने कोई विचार नहीं आ रहा था। वह सीधे अपने कमरे में पहुँचा। पलंग पर बैठ कर सोचने लगा। फिर रसोईघर में जाकर अपने हाथों से चाय बनाने लगा। उसने संकल्प कर लिया कि वह इतने दिनों तक अकेला जी लिया तो आगे भी जिया जा सकता है।

■■■

हमारा ललन

ललन गाँव का एक बड़ा ही होनहार और समाजसेवी व्यक्ति था। दिन–रात मज़दूरी का काम तो करता था, थकावट के बावजूद भी वह किसी भी व्यक्ति की सहायता बिना किसी प्रकार के स्वार्थ के करता था। बस उसने अपने पूर्वजों से जो सीखा या संस्कार में जो भी अर्जित किया था, उसका आकस्मिक प्रयोग करता था। यह मानी हुई बात है कि अच्छे आदमी और विद्वान को तीन जगहों पर गंदगी लगती है और उसकी जगहँसाई भी होती है। ललन के बारे में भी ऐसी ही स्थिति की जानकारी प्राप्त होती है।

ललन का जन्म तो रिवियेर जी राँपार में उत्तर प्रांत के एक सभ्य और प्रगतिशील गाँव में हुआ था। इसके तीन भाई और तीन बहनें भी थी। सभी आराम से जी रहे थे कि अचानक एक बीमारी–सी फैली और दो बहनों और एक भाई की बीमारी के कारण मृत्यु हो गई। ललन की माँ फुलमत भी पोलियो का शिकार हो गई। वह अपाहिज हो गई। घर में बड़ी कठिनाई उत्पन्न होने लगी। फुलमत कुछ करती तो नहीं लेकिन वह बाप–बेटे को इतना दण्ड देती कि इन लोगों का जीना हराम हो गया। जिस घर में ये रहते थे वह ललन के नाना जी का ही था। माँ ने उनको घर से निकालने में देर नहीं की। पिता बासु को एक बेटी और बेटा लेकर प्लेन दे रोश आना पड़ा। यह गाँव भी उत्तर प्रांत की ओर पत्थरों से घिरा हुआ छोटा पर सुन्दर है। उन्होंने किराए का एक छोटा सा घर लिया। घर क्या मानो एक छोटी सी झोंपडी हो। उसमें एक अकेला वृद्ध सज्जन रहता था। वृद्ध ने सोचा, इनको घर की आवश्यकता है और मुझे इनकी सहायता की। इस विचार से उस बूढ़े व्यक्ति ने उसको पनाह दे दी। वे वहाँ रहने लगे। अब तीन सदस्यों के साथ बूढ़ा व्यक्ति भी शामिल हो गया। बासु करता भी तो क्या? विवशता के कारण किस्मत में जो प्राप्त हुआ उसको अपनाया। वह वहीं पर रह कर कठिन परिश्रम करने लगा। ललन अभी पाँचवीं कक्षा में था और उसकी बहन सुरिता छठी पास कर घर पर रहती थी। कभी पास के ग्राम परिषद में सिलाई–कढ़ाई

सीखने चली जाती थी। वह घरेलू कामों को सँभालना सीख गई थी। ललन का काम सुबह–शाम खेतों और आस–पास के मेड़ों से 'आकासिया, पलाह' आदि घास–पत्ते लाना था ताकि दो बकरियों और एक बकरे का पेट भर सके। बासु सुबह से शाम तक खेतों में काम करता और किसी भी प्रकार इनको जीवन दे पाता। वह मेहनती तो था मगर गाँव ही ऐसा था कि काम मिलना मुश्किल हो जाता था। वह कभी काम करता तो कभी घर पर रहता। धीरे–धीरे घर में अभाव की स्थिति पैदा होने लगी। ललन को भी प्रतिदिन पाठशाला जाने में कठिनाई होने लगी। वह सप्ताह में दो या तीन ही दिन पाठशाला जाता था। पिता धीरे–धीरे गाँव में बेकार लोगों से मित्रता जोड़ने लगा।

कभी दिन–दिन भर लोगों के साथ जुआ खेलना तो कभी खुफिया शराब, 'चीलाँबिक' या गांजे के नशे में घर लौटता। वह कभी अपनी पत्नी तो कभी अपनी लाचारी का क्रोध बच्चों पर निकालने लगा था। वृद्ध सज्जन का तो जीना ही हराम कर चुका था। घर की स्थिति और बिगडती गई। इसी वीच वृद्ध बीमार पड़ गया। वह पलंग क्या, खाट पकड़ चुका था। देखते ही देखते उसकी स्थिति इतनी बिगड़ गई कि उसका देहान्त भी हो गया।

इधर, ललन के स्कूल जाने में कठिनाई बढ़ने लगी। अब वह और भी अनुपस्थित रहने लगा। अनुपस्थिति के बावजूद भी वह पढ़ने में काफी प्रखर बुद्धि वाला था। उसने छठी परीक्षा पास कर ली। कॉलेज जाने के लिए तत्पर था, लेकिन पिता के सामने मुँह खोले तो थप्पड़ का स्वागत करना पड़ेगा। अपने इस रुझान को दबा कर रख लेता। वह भी खेतों आदि में विचरण कर घास लाता और बकरियों के पालन पिता की सहायता करता। उधर, सुरिता सयानी तो हो ही चुकी थी। उसे पता था कि उसकी शादी इन लोगों से होगी ही नहीं। उसने एक शादीशुदा विधुर को अपने जाल में फांस लिया। वह काफी सम्पन्न था। एक सात साल का बच्चा भी था। सुरिता को इसकी कोई भी चिन्ता न थी। उसने न किसी को बताया न ही किसी से शादी करने की बात छेड़ी। देखते ही देखते वह गर्भवती हो गई। उसके शारीरिक विकास को देखकर बासु समझ गया कि दाल में कुछ काला है। डाँट–डपट कर पूछने पर सुरिता ने आत्महत्या की धमकी दी। ललन ने सोचा कि पिता से शायद वह बोलने से डरती है इसलिए उसने स्वयं पूछा "सुरिता क्या हुआ, क्यों आत्महत्या की बात कर रही हो? आत्महत्या बड़ा पाप है। अरी, भगवान ने इतना सुन्दर शरीर दिया है, जीवन दिया है, पता नहीं अगली बार यह मानव तन मिले या न मिले, और तुम इसे यों ही नष्ट कर देना चाहती हो। आखिर बात क्या है, मैं तुम्हारी सहायता करूँगा।"

ललन की बात को अनसुनी कर बस इतना कह देती – "देखो ललन! यह मेरी समस्या है। इसमें तुम कुछ न कहो तो अच्छा होगा। मैं नहीं चाहती कि कोई मेरी समस्या में दखल दे।"

"ठीक है! मैंने तो सिर्फ तुम्हें सहायता देने की बात कही थी, तुम्हारे जीवन में बाधा डालने के लिए नहीं। सोचा, हर साल राखी का पवित्र धागा बाँधती हो तो मेरा कर्तव्य भी कुछ होना चाहिए, पर मुझे क्या पता था कि मेरी अच्छी बातें भी तुम्हें चुभ जाएँगी।" ललन ने कुछ उदासी भाव से कहा।

सुरिता ने कुछ घड़ी के लिए सोचा पर ज़्यादा ध्यान न देकर जैसे अनसुना कर दिया। ललन ने भी सोचा – "जब कोई सहायता लेना ही नहीं चाहता तो मैं क्या कर सकता हूँ?" सुरिता स्वतंत्र रूप से जीने लगी। ललन भी उसे नहीं टोकता मगर बासु अपनी भद्दी गालियों के साथ रोज़ कोई न कोई सीख–सलाह अवश्य देता था। मगर वह सुरिता के कानों के पार चली जाती। धीरे–धीरे बासु भी बोलते–बोलते तंग आ गया। ललन को तो पहले ही से जवाब मिल चुका था। एक रोज़ सुरिता ग्रामपरिषद् में गई तो फिर नहीं लौटी। ललन चिंतित हो गया। न चाहते हुए भी अपनी बहन की खोज करना आवश्यक था। बासु भी पियक्कड़ होने के बावजूद अपनी बेटी की चिन्ता करने लगा। पूछ–ताछ के बाद पता चला कि सुरिता जिसके चंगुल में थी उसके साथ कहीं चली गई है। वह बालिग थी, और अपनी मर्जी से भागी है, तो क्या किया जा सकता है? वह कभी नहीं आई। कहाँ और कैसे जीती है, इसकी चिन्ता किसी को नहीं। धीरे–धीरे ललन और बासु ने उसको जैसे भुला दिया।

बासु का सिलसिला जारी रहा। शराब, गांजा, जुआ, बेकारी... इन सबका वह गुलाम बनता चला गया। ऐसी स्थिति में भी कोई ऐसे व्यक्ति से प्रेम करने लगेगा, किसी ने सोचा तक नहीं था। गाँव की बेवा जसोदिया मौसी सालों से विधवा थी। अब पता नहीं किस कीटाणु ने उसे तंग किया कि वह बासु को चाहने लगी। बावन साल की आयु में उसने ललन के घर में पनाह ले ली। ललन तो पानी–पानी हो गया। उसने अपने पिता को समझाया "यह आप क्या कर रहे हैं? इस पचपन की उम्र में भी कोई औरत लाता है? तुम्हारे साथ हमारी भी जग हँसाई होगी।"

"चुप, मूर्ख कहीं का! तुम मेरे जीवन के बारे में क्या जानो? तुम अपना देखो। यदि हमारा जीवन नहीं देख सकते तो अपनी जगह कहीं ढूंढ़ लो। हमें चैन से जीने दो।"

ललन ऐसे लोगों के मुँह कैसे लगता? एक ओर ललन के दिमाग को सुरिता का गलत कार्य चाट रहा था तो दूसरी ओर पिता की घिनौनी हरकत। बेकारी की

समस्या भी उसे तंग कर रही थी। इधर पिता घर छोड़ जाने की बात करता है। उसे पता नहीं चल रहा था कि करे तो क्या करे? दिन–प्रति दिन समस्या बढ़ती जा रहीं है। बासु अब थोड़ा कम पीने लगा था, पर कभी पीता तो जमके पीता। पहले दुकान की ओर नशा करता था पर अब अपने घर ही पर कुछ मित्रों को ले आता। खान–पान खूब होता। जसोदिया भी उन्हीं के साथ खाती–पीती, हा हा–ही ही करती। ललन समझ नहीं पाया कि इतनी जल्दी जसोदिया कैसे इन पुरुषों के साथ हिलमिल गई। ज़रूर दाल में काला है। बासु नशे में चूर लुढ़क जाता था। उनके मित्र जल्दी नशा होने वालों में नहीं थे। जसोदिया भी पीती थी पर जल्दी नशे में चूर नहीं होती थी। सिलसिला चलता रहा। ललन का जीना और भी संवेदनशील होता गया। बात उस दिन बरदाश्त के बाहर हो गई, जब उसने सुना कि जसोदिया गर्भवती हो गई है। ललन को तो पहले बड़ी लज्जा आई, फिर सोचा कि इस उम्र में गर्भवती होना... फिर बच्चे का जन्म होना...। इससे भी चिन्ताजनक बात यह थी कि आखिर यह बच्चा किसका है जो उसके पेट में पल रहा है। बासु तो रोज़ नशे में चूर होकर लुढ़क जाता था। उसने एक–दो बार अपने पिता से कहा भी ''इस उम्र में बाप बनने जा रहे हो, क्या आपको शर्म नहीं आती, लोग क्या कहेंगे...? जगहँसाई होगी।'' बासु ये बातें सुनता लेकिन कुछ नहीं कहता। लाचारवश सिर्फ इतना कह देता ''तुम अपना देखो, हमारे जीवन में किसी प्रकार का दखल मत दो।''

ललन को अपने आप में बड़ी ग्लानि होती थी। पाठशाला तो छोड़ चुका था पर 15 की उम्र में काम के बाद बैठका में प्रवेशिका कक्षा में पढ़ता था। उसे इतनी शर्म लगती थी कि उसे लगता था कि वह अपने मित्रों का सामना कैसे करेगा। अगर किसी ने पूछ लिया कि तुम्हारे यहाँ नया मेहमान आने वाला है क्या, किसी ने व्यंग्य कर दिया कि ''अरे वाह! अब तो तुम्हें एक भाई मिलने वाला है।'' ललन से कुछ सोचा नहीं जाता था। उसके दिमाग के सामने अँधेरा–सा छा जाता था। उसे पता नहीं चलता कि वह क्या करेगा। अंततः लगा कि गाँव में रहना उसके लिए ठीक नहीं। लोगों के ताने सुनना, व्यंग्य भरी बातें सुनना, सिर झुकाकर जीने से तो बेहतर है कि गाँव छोड़ दें। सबसे बडी बात तो यह थी कि, कितनी घृणास्पद बात है कि वह उसी घर में जी रहा है जहाँ पर ऐसी घृणास्पद घटनाएँ घट रही हैं। कहीं लोग इस पर भी लांछन न लगा दें। उसका दिमाग काम नहीं कर पाता था। वह अपना दिमाग संतुलन खो बैठता। उसने तय कर लिया कि ऐसे घर में वह नहीं रह सकता। उसने इस घर को छोड़ने का निश्चय कर लिया। जाए भी तो कहाँ...? उसे याद आया कि उसका एक मित्र विनोद लालमाटी रहता है। उससे

काफी अच्छी जान–पहचान थी। ट्यूशन लेते समय ललन ने अपनी सारी जीवन–गाथा सुनायी थी। विनोद, ललन को अपने भाई जैसा मानने लगा था। अपने माता–पिता से भी इस सम्बन्ध में चर्चा की थी। माता–पिता बड़े अच्छे स्वभाव के व्यक्ति थे। उन्होंने विनोद से कहा था, ''जब भी तुम्हारे मित्र ललन को कठिनाई हो हमें संकेत करना। उसको यहाँ रहने में किसी प्रकार की कठिनाई नहीं होगी।'' ललन ने अपने मित्र विनोद की बात याद की और फोन द्वारा अपनी समस्या बताई। विनोद ने झट से उसे बुला लिया। विनोद के माता–पिता इसलिए अधिक ललन को चाहते थे क्योंकि उनके बड़े बेटे का देहान्त दुर्घटना में हो चुका था। तब से वह हरेक उस उम्र के लड़के को अपना बेटा ही जैसा मानने लगे थे। ललन की तो बात ही अलग थी। अलग इसलिए कि वह कई बार वहाँ जा चुका था और लोग उसके व्यवहार, चरित्र और बात करने के ढंग से बहुत प्रभावित हुए थे।

ललन बिना पिता को बताए एक शनिवार के दिन कुछ कपड़े और सामान लेकर लालमाटी आ गया। पिता को खबर तक नहीं क्योंकि वह नशे में चूर सोया था और जसोदा कहीं गई हुई थी। यहाँ पर विनोद के माता–पिता ने उसे अपना लिया। उन्होंने यह भी कहा ''ललन, तुम जब तक चाहो रह सकते हो।'' ललन एक बहुत ही सभ्य बच्चे की तरह रहने लगा। दिन में वह लॉरी ड्राईवर की सहायता करता और रात्रि में कुछ पढ़ता। उसके समय में जो कॉलेज नहीं जा पाता था, वह हिन्दी की कक्षा में कुछ पढ़ लेता था। ललन भी प्रवेशिका के बाद परिचय कर चुका था। अब वह प्रथमा कक्षा की तैयारी में लग गया था। विनोद के माँ–बाप को हिन्दी बड़ी प्यारी थी अतः उन्होंने भी उसको हिन्दी पढ़ने का प्रोत्साहन दिया। दिन गुज़रते रहे और देखते ही देखते उसने उत्तमा साहित्य रत्न की परीक्षा भी दे दी। इसी बीच उसकी मुलाकात शीला नाम की लड़की से हो गई। वह अपनी नानी के पास रहती थी। नानी अकेली थी, इसीलिए उसके माता–पिता ने नानी के घर छोड़ा था। नानी को भी सहायता मिल जाती थी और शीला भी बड़े मज़े में अकेली रहती थी।

शीला और ललन में एक अछूता–सा प्यार जाग गया था। वे एक–दूसरे को चाहने लगे और उनकी चाहत ने ब्याह का रूप ले लिया। ललन का भाग्य भी उदय हो चुका। वह शीला के साथ नानी के घर में रहने लगा। वह अपने मित्र विनोद और उनके माता–पिता को कभी भुला नहीं पाता, यहाँ तक कि शादी के लिए ललन के माता–पिता वे ही लोग बने थे। शीला का ससुराल जैसे वही था। विनोद के माता–पिता ने भी शीला को अपनी बहू मान लिया था। ललन शीला के साथ नानी के घर रहने लगा। ईश्वर की कृपा से उसका गृहस्थ जीवन बड़े मज़े

और सुख से गुज़रने लगा। उनके दो पुत्र और एक पुत्री भी हुए। जीवन ही खट्टी–मीठी समस्याओं से जूझते हुए सभी बच्चे स्कूल में पढ़ते थे। वे पढ़ने में भी मध्य स्तर के थे। कमियों की पूर्ति किसी भी प्रकार से हो ही जाती थी। ललन अब एक अच्छा ड्राईवर बन चुका था। वह राष्ट्रीय यातायात ईकाई में बस चालक का कार्य करने करता था। कभी छुट्टियों में होने पर गाँव की प्राईवेट बस या लॉरियों में भी ड्राईवर का कार्य कर लेता था। अच्छी आमदनी हो जाती थी। नानी का देहांत हो चुका था। अब वह घर उन्हीं का हो चुका था। बच्चे भी पढ़ते थे मगर फोम–5 करने के बाद वह भी लॉरी ड्राईवर बना और उसका भाई उसी के साथ सहायक बनकर कार्य करने लगा। बहन विमला फोम–3 में पढ़ रही थी।

ललन बड़ा ही नेक और होनहार व्यक्ति बन चुका था। सामाजिक कार्यों में तो हर कोई उसका उदाहरण लेता था। वे अक्सर कहते, आज की पीढ़ी को ललन से सीखना चाहिए। उसी के नक्शे कदम पर चलकर परम्परा और संस्कृति की रक्षा हो सकती है। लेकिन कहावत कितनी सच्ची हो जाती है? बहुत मीठे में ही चींटी पड़ती है। ललन ड्राईवर तो था ही। एक युवती ने एक रोज़ उससे सहायता की माँग की। उसका बटुआ खो गया था। वह एक फैक्ट्री में कामगार थी। ललिता ने इस तरह से गिड़–गिड़ाकर सहायता की माँग की कि ललन से रहा न गया। उसने पचास रूपये का एक नोट उसके हाथ में थमा दिया। धन्यवाद के साथ कल लौटाने की बात बताते हुए ललिता जाने लगी। ललन उसको निहारता रहा। वह उसे देखते हुए सोच रहा था कि कही यह लड़की उसे ठग तो नहीं रही है। उसके दिमाग में कई तरह के प्रश्न उठने लगे।

दूसरे दिन पचास रूपये का नोट लिए ललिता ललन के पास आई। उसने रूपये देते हुए धन्यवाद भी कहा। साथ में कुछ दूर तक चलने को कहा। ललन अभी बारी की प्रतीक्षा में था। पैंतालिस मिनट का समय सामने है। वह बिना सोचे–समझे उसके साथ जाने लगा। चलते हुए दोनों का परिचय एक–दूसरे से हो गया। ललिता अकेली रहती थी। एक छोटा सा घर था। बाप की मृत्यु हो चुकी थी और माँ पागलपन के शिकार के कारण देश के 'ब्राउन सेक्वार' अस्पताल में बरसों से रहती थी। उन दोनों की बातें गहराई तक पहुँचने लगीं। एक रोज़ छुट्टी थी और ललन उसके साथ घूमते हुए घर चला गया। घर क्या गया मानो ललिता ने जादू कर दिया। ललन उसी के पास रह गया। रात वही बीती। दिन में फिर दूर शहर का चक्कर काटने चले और शाम को पुनः उसी के साथ चला गया। काफी रात गुज़रने के बाद अपने घर लौटा। वह नशे में चूर था। शीला को कुछ शक तो हुआ। एक रात गायब और दूसरी रात देर से घर पहुँचना। पूछताछ

होने लगी। ललन क्रोधित हो गया। अक्सर ऐसा होता है कि अपराधी जानता है कि वह पकड़ा गया है पर वह निर्दोष जैसा जोर से बात करने लगता है। ललन भी गरज कर कहने लगा– "यह मेरा जीवन है, कहीं भी और किसी के साथ भी गुजार सकता हूँ। तुम्हें क्यों जलन होने लगी? अरे औरत की जाति ही ऐसी होती है।"

"पहले यह जीवन तुम्हारा था। अब इस पर मेरा तथा बच्चों का हक़ है। तुम इसे किसी प्रकार और किसी के साथ नहीं गुज़ार सकते।"

"देखो, अगर ज़्यादा सिर गरम करोगी तो मैं वही ललिता के पास चला जाऊँगा। अरे, तुम तो बुढ़िया हो गई हो। ललिता अभी जवान है। वह तुम से ज़्यादा मेरा ख़याल रखती है।"

बस, बोलने की देर थी कि "तुम वहीं क्यों नहीं चले जाते?" ललन एक–दो कपड़े लेकर चलने लगा। वह ललिता के पास रहने लगा। बच्चों ने कई बार उसे बुलाने की प्रयास किया पर वह नहीं आया। ललिता ने उसे ऐसे जकड़ लिया कि वह उसके चंगुल से नहीं निकल पाया। बच्चे बड़े हो गए थे। वे अपनी माँ के साथ रहने लगे। उन्होंने माँ को भरपूर प्यार दिया। वे अपना जीवन पिता के अभाव में पर अच्छी तरह बिताने लगे। उधर, ललन और ललिता के नाजायज़ प्रेम ने दो बच्चों को जन्म दिया। ललन को काफी काम करने की नौबत आ गई। वह कुछ पैसे आलीमोनी के रूप में वहाँ भेजता और कुछ इन बच्चों को देता। थकता ज़्यादा था इसलिए रोज़ शराब के नशे में चूर होकर सोता था। जिस दिन उसे शराब नहीं मिलता उस दिन उसे नींद भी नहीं आती। इसी आदत की बदौलत उसे मधुमेह और उच्च रक्तचाप की बीमारी लग गई। कोई निश्चित समय नहीं होता कि वह बीमार हो जाता। वह अस्पताल से घर, घर से अस्पताल करने लगा। नौबत यहाँ तक आई कि उसकी किडनी भी फेल होने लगी। मास में दो बार जियालीज करवाने लगा। उधर अपने मित्र चिन्येंन का 'गारण्टी' खड़ा हुआ। चिन्येंन ने बैंक से दो लाख रूपये का क़र्ज़ लिया था। क़र्ज़ लेने के दो मास बाद ही दुर्घटनाग्रस्त होकर चल बसा।

ललन की सारी बीमारी तेज हो गई। वह हताश हो गया। अब उसके वेतन से पैसा कटेगा और लोन की भरपाई होगी। इस घटना ने ललन को एकदम झकझोर दिया। उसे समझ में नहीं आ रहा था कि क्या करे। उसकी आँखों से नींद उड़ गई थी। खाने के समय का पता न था। दिन–प्रतिदिन वह कुंठित होता गया। बीमारी के कारण उसने नौकरी भी छोड़ दी। अब उसका जीवन अस्पताल की चारदीवारी में बीतने लगा। ललन ने शीला और अपने पहले बच्चों को बुलाया, मगर शुरू में तो इन्होंने इनकार कर दिया, पर जब सुनने में आया कि ललन कुछ ही दिनों का

मेहमान है तो वे जाने के लिए तैयार हुए। दूसरे दिन सभी ने जाने का निश्चय किया। सोचा कि क्षमा कर देना भी एक जीत है।

भगवान कुछ और ही करता है। वह मानव की योजना पर नहीं चलता। रात्रि में ललन की मृत्यु हो गई। शीला ने सोचा कि अपने यहीं से उसकी अर्थी उठाएँ, मगर इनसे पहले ही ललिता अपने यहाँ ले जा चुकी थी। किसी भी प्रकार सभी ने सहायता दी और अंतिम संस्कार भी किया गया। जो भी उससे परिचित थे, उनके मुख से यही निकलता – 'ललन कितना होनहार था और आज वह कितना गिर चुका?'' सभी के दिमाग में प्रश्न उठने लगा कि क्या मनुष्य किसी भी समय गुमराह हो सकता है? फिर उसके ज्ञान, उसके प्रति दूसरों का प्यार, उसके प्रति परिवार का कर्तव्य और स्वयं उसका कर्तव्य क्या होना चाहिए? ललन के सामाजिक कार्यों को याद कर सब बस यही कहते – ''हाय, हमारा प्यारा ललन!''

■■■

किस पर विश्वास करें

सुदेश अपने गाँव का पहला शिक्षक था। गाँव में शायद ही कोई पढ़ पाता था। प्राथमिक तक किसी ने पढ़ाई कर ली तो मानो आज के युग में उसने डिग्री प्राप्त कर ली। सुदेश भी माध्यमिक स्कूल नहीं जा पाया था क्योंकि उस समय परिवहन और शिक्षण आज जैसे निःशुल्क नहीं थे। उधर, उसके पिता ने एक दूसरी स्त्री के जाल में फँसकर अपनी पत्नी यानि सुदेश की माँ को छोड़ दिया था। उस बेचारी ने अपने बेटे के साथ गाँव में पिता के पास शरण ली थी। कई बच्चों के बीच छुटी हुई बेटी को घर में माता–पिता स्वीकार नहीं करना चाहते थे। उस समय तो यह प्रचलित था कि लड़की एक बार डोली में अपने घर याने ससुराल गई तो अर्थी उठने तक वहीं रहेगी। सुदेश की माँ ने सभी प्रकार के व्यंग्य, गमिया, छेड़–छाड़ सब कुछ सहकर रहना स्वीकार किया। उसने सुदेश को पी.एस.एल.सी. तक पढ़ाया। उसके पश्चात् पैसे न होने के कारण गाँव की छोटी पाठशाला, जिसे बैठका नाम दिया गया था, में साप्ताहिक रूप में रविवार को छठी के बाद पढ़ने के लिए भेजा। हिंदी की ऐसी पढ़ाई सस्ती होती थी। अन्य कई ऐसे छात्र पढ़ने जाते थे। सुदेश की रुचि भी इस पढ़ाई में खूब जम गई।

रुक्मिणी ने अपने बेटे की शादी कर दी। अधिक पढ़ा–लिखा न होने के कारण डी.डब्ल्यू.सी. में एक साधारण–सा मज़दूर का कार्य कर रहा था। उस ज़माने में ऐसी नौकरी मिल पाना ही बहुत महत्व की बात होती थी। सुदेश की पत्नी माया भी साधारण लड़की थी लेकिन देखने में बहुत सुंदर थी। गाँव वाले माया की सुन्दर की बात अक्सर करते रहते थे। शादी के पश्चात् उनकी एक बेटी का जन्म हुआ। तीनों मज़े से जीने लगे। रुक्मिणी पहले तो हताश होकर नाक–भौं सिकोड़ने लगी थी। उस समय लड़की दूसरा पुरस्कार और लड़का पहला पुरस्कार माना जाता था। यहाँ की भाषा में लोग 'प्रेमिये लो ' और 'सेगोन लो' की संज्ञा देते थे। फिर भी, सुदेश और माया के लिए पहली बच्ची लक्ष्मी का रूप लेकर आई हुई

थी। वे उस से खूब दुलार करते थे। धीरे–धीरे रुक्मिणी भी उसे चाहने लगी। वह अपना सौभाग्य मानने लगी कि चलो, वह दादी तो बन गई। ऋतु सचमुच लक्ष्मी बन आई, अतः उसके आते ही वह सुदेश को हिन्दी अध्यापक की नौकरी मिल गई। उनकी खुशियों का ठिकाना न रहा। कहाँ वह मामूली मज़दूर अब वह अच्छे कपड़े पहनकर बस द्वारा प्रशिक्षण महाविद्यालय जाएगा। सचमुच सुदेश के लिए एक बहुत बड़ा प्रगति कदम था।

समय के साथ सुदेश की तीन और बेटियों ने जन्म लिया। परिस्थिति सुधर जाने के कारण सुदेश ने सभी को कम से कम एस.सी. तक पढ़ाया। चार बेटियों को पाकर वह थोड़ा उदास रहता था। कभी उसे शर्म भी आती थी। कभी लोग गंवारूपन दिखाते हुए कह भी देते थे कि ''हुँह, चार बेटियाँ ही'' फिर भी सुदेश ने ऋतु, काजल, नेहा और अंजू... अपनी चारों बेटियों को कभी यह महसूस नहीं होने दिया कि उन्हें पाकर वह अप्रसन्न है। बल्कि कभी–कभी लड़कियाँ ही कह उठती थीं कि ''पिता जी, हमारा एक भाई होता तो अच्छा होता न'' ''अच्छा तो होता मगर सब भगवान का खेल है। हम मनुष्य उनके कार्य को कैसे जान पाएँगे? हमारे पास इतनी शक्ति नहीं कि हम उसके न्याय को अन्याय समझ बैठें।'' माया, सुदेश से कहती– ''जानते हो, मेरे सारी सहेलियाँ कहती हैं, इस बार एक लड़के का जन्म होगा। अभी तुम्हारी उम्र भी काफी नहीं हुई है। अड़तीस साल में तुम माँ बन सकती हो।'' माया अपनी बातों से सुदेश को संकेत करना ही चाहती थी कि उन्हें एक लड़के की तलाश है। सुनते–सुनते सुदेश भर गया और तैयार हो गया। सोचा, जहाँ चार लड़कियाँ हैं वहाँ एक और सही। मैं माया को क्यों दुःखी करूँ जबकि वह तैयार है।

सौभाग्यवश राघव का जन्म हुआ। माया और सुदेश अत्यंत प्रसन्न हुए। उन्हें डर था कि उनकी चार बेटियाँ इनसे नाराज़ होंगी। वे सीधे मुँह बात नहीं करेंगी लेकिन उनका सोचना ग़लत था। सभी लड़कियों ने उनका जी–जान से स्वागत किया। वे फूले नहीं समा रही थीं कि उनको एक प्यारा भैया प्राप्त हुआ था। वे तो उसको इस तरह प्यार करती थीं कि माँ कहती थी कि ''राघव तो प्रसाद हो गया है। सब लोग गोद लेने के लिए उत्सुक हैं।'' सभी लोग उसको खूब चाहते थे। माता–पिता के प्यार से वह सराबोर तो होता ही था, साथ में बहनों का स्नेह देखने लायक था। समय के साथ बच्चे बढ़ते गए। पढ़ाई के बाद सुदेश ने बारी–बारी से उनकी शादियाँ भी कर दीं। वह बहुत सास–दामाद को प्रतीक्षा नहीं करता था। साधारण मध्यवर्गीय परिवार में सभी बेटियों का ब्याह करता गया। सौभाग्य से अंजू का पति अच्छे घराने का था। पढ़ा–लिखा तो बहुत नहीं था लेकिन उसके

पिता का एक छोटा 'कम्पोज़' खाद बनाने का कारखाना था। युग के माँगानुसार उसका महत्व बढ़ गया। सरकार द्वारा भी काफी सहायता प्राप्त होने लगी। देखते ही देखते उसका व्यापार–धंधा चल पड़ा और बड़े पैमाने पर यह काम होने लगा। प्रगति इतनी हुई कि आस–पास के द्वीपों में भी खाद निर्यात करने की कोशिश होने लगी।

सुदेश अवकाश ग्रहण के बाद घर पर रहता था। साठ के बाद भी वह चंगा दिख रहा था। सभी लोग कहते थे– "सुदेश तो अभी पचास का दिखता है।" दामादों में से वह सबसे छोटे दामाद दिनेश को अधिक चाहता था। कभी कार्य के सिलसिले में दिनेश को विदेश जाना पड़ता था तो सुदेश उसके पास जाकर रहता था और उसके कारोबार को चलाता था। दिनेश ने अपने ससुर के काम को देखकर एक मैनेजर का पद सौंप दिया। उसने राघव को भी उसके साथ काम करने के लिए रख दिया। कार्य की माँग को देखते हुए दिनेश स्वदेश में कम ही रहता था। सारे कार्य सुदेश या राघव पर सौंप देता था। कार्य बड़ा ही सुचारु रूप से चलने लगा। धीरे–धीरे राघव जैसे इस धंधे की व्यापकता भी बढ़ती गई। आमदनी इतनी होने लगी कि दिनेश सँभाल नहीं पा रहा था। यह मानी हुई बात है कि जब कोई प्रगति करने लगता है तो जलन के कारण कोई रोड़ा अवश्य उत्पन्न होता है। उड़ती हुई एक बात दिनेश के कानों में पहुँची कि उसका साला राघव धंधे में चार सौ बीसी करने लगा है। उसने अंजू से भी यह बात कही। अंजू ने विश्वास दिलाते हुए कहा– "नहीं, राघव नेक है। वह ऐसा नहीं करेगा।" दिनेश को विश्वास नहीं हुआ। कुछ लोगों ने और एक बार ऐसी बात की चर्चा की। इस बार दिनेश ने सीधे राघव से यह बात कह दी। राघव आग–बबूला हो गया। वह सबका दुलारा तो था ही, थोड़ा बिगड़ा हुआ भी था। वह किसी की ऐसी बातों को सुनने का साहस नहीं रखता था। उसने कार्य छोड़ दिया। सरकार से क़र्ज़ और पिता से सहायता लेकर अपना धंधा शुरू कर दिया। वह में ट्रेनिंग ले चुका था। अतः उसने गाँव में एक प्रकाशन गृह की स्थापना की प्रकाशन गृह शुरू में काम कम पर बाद में अच्छी तरह से चलने लगा। वह अपनी पत्नी नीलू और बच्चों की सहायता से काम करने लगा। दिनेश राघव को देखना नहीं चाहता था इसलिए उसने अंजू से भी मिलने से मना कर दिया। सुदेश को दुःख हुआ। उसे पता नहीं चल रहा था कि क्या सही है और क्या गलत! इधर, अपने बेटे को चाहता था उधर दामाद भी बहुत प्यारा था। एक–दो बार की कोशिश के बावजूद भी दोनों को एक सूत्र में नहीं बांध पाया। सुदेश अन्दर ही अन्दर घुटने लगा। अब उसे दामाद के पास काम भी करने की इच्छा नहीं होती थी लेकिन आग्रह करने पर उससे इंकार

किए नहीं बनता था।

राघव अपने पिता की उम्र को देखते हुए काम पर न जाने की सलाह देता था। नीलू ने भी यह बात दोहराई लेकिन नीलू तो जैसे सास–ससुर की आँखों का कांटा थी। वे उसकी कोई भी बात नहीं सुनते थे। अक्सर उस पर व्यंग्य करते रहते थे क्योंकि नीलू बेचारी अनाथ बच्ची थी। राघव ने उसे एक ब्याह में देखकर पसंद किया था। सबसे कठिन बात तो सुदेश के लिए यह थी कि नीलू उसके आश्रम की नहीं थी। ताना मारना, नीचा दिखाना और बात–बात पर अपमान करना जैसे सुदेश की आदत–सी बन गई थी। इन सब घटनाओं के बावजूद भी राघव के प्यार के आगे नीलू सँभल जाती थी। वह बड़ी ही सहनशीलता से अपना जीवन बिताती थी। सुदेश बहत्तर पार कर चुका था। कभी–कभार कमज़ोरी महसूस होने लगी थी। मधुमेह और बी.पी. अक्सर बढ़ती रहती थी। इन सारी बीमारियों को देखकर ही राघव ने काम करने से मना किया था। कमज़ोरी के बावजूद भी सुदेश अपने दामाद के यहाँ काम करता ही रहा। हालांकि गाँव के स्वास्थ्य केन्द्र ने उसे आराम करने की सलाह दी थी लेकिन उसने अनसुना कर दिया था। वह तो यहाँ तक कहता था कि ''दूसरे लोग सुदेश को देखकर जलते हैं।''

एक सुबह नींद से जाते ही सुदेश ने बहुत कमज़ोरी महसूस की। इससे पहले कि वह किसी से कुछ कहता कि वह अपने शरीर को खींचने लगा। ऐसा लग रहा था कि उसे एठन सी होने लगी। देखते ही देखते आधे शरीर से वह अपाहिज हो गया। घर पर राघव था। माँ के ज़ोर से चीख़ने पर वह वेग से आ पहुँचा। अपनी पुराने 'टू बाय फोर' गाड़ी में लादकर अस्पताल ले गया। सारी कोशिशों के बावजूद भी सुदेश सामान्य स्थिति में न आ सका। पूरे परिवार को सूचना भेजी गई। बारी–बारी से सुदेश को देखने बेटियाँ और दामाद आने लगे। दिनेश ने आते ही क्रोध जताते हुए अपनी सास से पूछा– ''किसने अस्पताल लाने को कहा? 'क्लीनिक' नहीं ले जा सकते थे?'' माया ने उदासी और डरते स्वर में कहा– ''राघव घर पर था। उसी ने अपने पिता जी को यहाँ पहुँचाया।''

''हूँ'' ये लोग गंवार के गंवार ही रहेंगे। मैं इन्हें यहाँ नहीं रहने दूँगा। अभी तुरंत 'क्लीनिक' ले जाऊँगा।'' इतना कहकर दिनेश सारा प्रबंध करने लगा। उसने बिना किसी की सलाह लिए ही 'क्लीनिक मोरिसिये' को राह ली। वहाँ भी तीन–चार दिनों बाद कुछ नहीं हो पाया। फिर घर लाया गया। सभी ने सोच रखा था कि 'क्लीनिक' का बिल दिनेश भर देगा लेकिन किसी ने कोई इशारा तक नहीं किया। राघव ने अपना एक चैक काटकर दे दिया। दिनेश अंजू से बार–बार यही

कहता रहा कि यह सब केवल और केवल राघव के कारण हुआ है। राघव कभी सुन तो लेता था मगर नीलू के कहने पर कुछ नहीं बोलता था। एक दिन वह अपनी सहनशीलता को सँभाल नहीं पाया। वह अपनी माँ से बोल उठा'' तुम्हारा दामाद मुझे ज़िम्मेदार ठहराता है। 'क्लीनिक' ले जाने की बात करता है लेकिन 'क्लीनिक' का बिल तक भी नहीं चुकाया। क्या सिर्फ ताना मारना और बड़ी–बड़ी बातें कह कर अपने आप को श्रेष्ठ बता देना ही काफी है?''

माया कुछ न बोल पायी। वह नहीं चाहती थी कि उसने बोलने और समझाने से पक्षपात का दोष न लग जाए। वह चुप होकर सब सुनती रही।

एक शनिवार को राघव अपने बच्चों और पत्नी के साथ शादी में गया था। पास का रिश्ता था इसलिए जाकर रहना पड़ा था। दूसरे दिन की सुबह देखने पर उसके पिता न दिख रहे थे। वह सीधे माँ को ढूँढ़ने गया। माया ने कहा कि कल तुम लोगों के जाने के बाद दिनेश और अंजू अपनी नई बी.एम.डब्ल्यू. गाड़ी में आए। कुछ सामान उठाया और मुझे भी साथ चलने को कहा। मुझे ही पता नहीं था कि वे कहाँ जा रहे हैं। अंततः गाड़ी वहाँ रुकी जहाँ पर वृद्धों के लिए एक वृद्धाश्रम था। दिनेश ने अपने ससुर को समझाते हुए कहा– ''ये लोग यहाँ पर आप की मालिश करेंगे और कई प्रकार की सुविधाएँ देंगे। एक–दो दिन बाद ही हम आप को ले लेंगे।'' उन्होंने तुम्हारे पिता को उसी आश्रम में छोड़ दिया।

''तो पिता जी रह गए या रहने के लिए तैयार थे?''

''तैयार कहाँ–कैसे पता चलता? वे तो कुछ बोल भी नहीं सकते थे केवल अ... अ.... ब.... ब..... करते थे।''

''तुमने कुछ नहीं कहा?''

''क्या कहती राघव! अंजू और निदेश वहीं थे। सारा कुछ वे ही लोग बोल रहे थे।''

''हूँ! तुमने अपने पति को आश्रम में फेंक दिया। शर्म नहीं आई? पति तुम्हारा है और दामाद की बात सुन रही थी। हूँ, छी ऐसी पत्नी पर...''

कुछ घड़ी रुककर फिर राघव ने कहा... ''अन्य बेटियों... ऋतु, काजल और नेहा ने कुछ नहीं कहा– उनके पतियों ने भी कुछ नहीं कहा...?''

''उनको तो पता ही नहीं। फोन पर बात हुई तो उन्होंने कहा घर पर कौन देखेगा? दिनेश जो कर रहा है अच्छा ही कर रहा है।''

''पर तुम तो उसकी पत्नी हो। 20 सालों तक साथ रह चुकी हो, क्या अपने पति को ऐसी स्थिति में देख नहीं सकती? वे तो दामाद है पर तुम तो पत्नी हो। उनकी बा़त सुनकर मान गई? वाह रे कलयुग!'' राघव बड़ा ही असमंजस में पड़

गया। उसे अपनी माँ से इतनी उम्मीद नहीं थी। पल भर के लिए उसे ऐसा भी लगा कि जैसे दिनेश बात कर रहा था, वह तो सारा बोझ उठाने को तैयार है। मगर व्यापारी, बिजनेस मैन तो ऐसे ही होते हैं। फिर सँभलकर कहा– ''मैं अपने बाप को वहाँ नहीं छोड़ सकता। मैं उसे घर लाऊँगा।'' इस बात को लेकर माँ और बेटे के बीच में भी तनाव उत्पन्न होने लगा। माँ अपने दामाद और बेटी के कथनानुसार काम करना चाहती थी जबकि राघव अपने पिता को अपने घर में अपने सामने रखना चाहता था। वह नहीं चाहता था कि पिता की कमाई हुई इतनी धन–दौलत होते हुए भी आश्रम में जाकर रहे। वह सोचता, फिर बेटे होने का मतलब ही क्या रह जाएगा। उसने माँ से साफ–साफ कह दिया– ''जो होगा देखा जाएगा। मैं किसी के डर से या रिश्ते में दरार आने के भय के कारण अपने पिता को आश्रम में नहीं छोड़ सकता।'' इतना कहकर राघव अपनी पत्नी नीलू के पास गया। उसने अपने दोनों बेटों को भी पास बुलाया और उनसे उनकी राय जानने के लिए प्रश्न पूछा, ''मैं तुम्हारे दादा जी को घर लाना चाहता हूँ, क्या तुम लोग मेरा साथ दोगे, उसकी देखभाल की चिन्ता नहीं। मैं एक व्यक्ति को डाल दूँगा। कभी–कभी हमारी आवश्यकता पड़ेगी।'' सभी ने स्वीकारात्मक उत्तर दिया। राघव ने अपनी तैयारी शुरू कर दी। अब उसे पता चला कि यह काम कितना कठिन है। अनेक वकील साथियों आदि की सहायता लेकर वह अंतिम पड़ाव तक पहुँच पाया। जब वह अपने पिता से मिलने गया तो उसका कलेजा फटकर रह गया। सुदेश की दोनों आँखों से झर–झर आंसू बहने लगे। आधे शरीर में लकवा मार जाने के कारण साफ आवाज़ में बोल नहीं पा रहा था। उसने काँपते हुए हाथ से राघव का हाथ पकड़ा और इशारे से कहने लगा– ''मुझे यहाँ से निकालो–मैं यहाँ नहीं रह सकता। मैं मर जाऊँगा।''

राघव दुलार से बिगड़ा बेटा तो था ही। वह किसी के दुःख से जल्दी पिघलता भी नहीं था लेकिन सामने की स्थिति को देखकर कलेजा मुँह को आने लगा। उसने धैर्य बँधाते हुए कहा– ''चिन्ता मत करो– भले ही कोई तुम्हें नहीं देखेगा। मैं तुम्हें देखूंगा। तुम्हारी बहू और नाती देखेंगे।''

राघव ने दो ही दिनों में सारी तैयारियाँ कर लीं। उसने अपने पिता को घर पहुँचाया। उसकी देखभाल के लिए गाँव का एक व्यक्ति भी नियुक्त हो गया। राघव ने पड़ोस के गाँव का एक मालिश करने वाले विशेषज्ञ को भी देख लिया। रोज़ शाम को वह व्यक्ति आने लगा और एकाध कसरत और अन्य तकनीकों द्वारा उसके स्वास्थ्य पर काफी परिवर्तन होने लगा। इतने हो जाने के बावजूद भी अन्य बहन और जीजा इन लोगों से सीधे मुँह बात नहीं करते थे। राघव ने किसी की

परवाह नहीं की।

गाँव वालों को तब आश्चर्य होता था जब नीलू अपने ससुर का हाथ थामे राजमार्ग के किनारे धीरे–धीरे चलाने में मदद करती थी। कितने लोग तो अपने सगे–सम्बन्धियों के बीच बातें भी करने लगे थे– "इस बहू को लोगों ने इतना सताया था, लू–लू थू–थू कर बेइज़्ज़ती करते थे। आज बेचारी अपने पति की बात मान कर इस तरह अपने ससुर की सेवा कर रही है। कितने सोचने की बात है?" नीलू किसी की परवाह नहीं करती। जितने मुँह उतनी बातें होती थीं, लेकिन वह अपने कार्य में मग्न थी। कोई उसके बारे में क्या सोच रहा है, इस बात की परवाह उसे नहीं थी। राघव ने एक रोज़ अपनी पत्नी को ऐसा करते हुए देखा। उसे झंकृत–सा महसूस हो गया। वह ईश्वर को धन्यवाद कहने लगा। वह सोच रहा था कि शायद उसने पिछले जन्म में अच्छा काम किया है जिसके कारण उसे नीलू जैसी पत्नी प्राप्त हुई है। वह सोचने लगा कि जाति–पाति कुछ नहीं होती है, सबसे बड़ी चीज इंसानियत है। मानवता है। हालांकि नीलू राघव की बिरादरी की नहीं थी लेकिन उसके कर्म से वह श्रेष्ठ ब्राह्मण से भी ऊँची है।

बहू, नातियों और बेटे का प्यार और समर्पण की भावना देखकर सुदेश मन ही मन सोचने लगा कि आदमी कभी किसी को समझने में कितनी बड़ी ग़लती कर देता है। आज वह महसूस कर रहा था कि जिस बहू को वह देखना नहीं चाहता था, जिस बेटे को आवारा समझता था और जिन बेटियों और दामादों को अपना सर्वप्रिय समझता था, दोनों में कितना अंतर है। उसे तो सबसे ज़्यादा यह खलता था कि उसकी पत्नी माया कैसे इतना बदल सकती है। सुदेश ने यह सबक सीख लिया कि कभी भी किसी को निकम्मा, कमज़ोर या अयोग्य नहीं समझना चाहिए।

■■■

दूल्हे की प्रतीक्षा

लगभग हर एक माता–पिता की यही इच्छा होती है कि उनकी मृत्यु से पहले उनके बच्चों के हाथ पीले हो जाएँ। इसके लिए कितने ही लोग दिन–रात एक कर देते हैं। अपने घर की स्थिति बेहतर करने के उद्देश्य से हर प्रकार का प्रयत्न करते हैं। फिर भी समय के चलते हर चीज में परिवर्तन आता है। पहले की शादी और अब में काफी परिवर्तन आ गए हैं। पहले तो नब्बे प्रतिशत शादियाँ माता–पिता की मंजूरी से ही होती थीं। आजकल स्थिति विपरीत है। अब तो नब्बे प्रतिशत शादियाँ प्रेम विवाह द्वारा ही सम्पन्न होती हैं। एक नयी परिपाटी के चलते फेसबुक एवं अंतरजाल के माध्यम से भी ब्याह सम्पन्न होने लगे हैं। अब अगुआ की बात पुरानी–सी हो गई है।

विनोद और नेहा की एकलौती बेटी थी। नाम तो शादी से पहले ही वाद–विवाद के बाद 'किरण' रख दिया गया था। किरण को ऐसे पाल–पोसकर बड़ा किया गया था कि उसे कभी भी किसी चीज के लिए तरसना न पड़ा था। मुँह खोलने की देरी थी कि इच्छा वाली चीज जल्द से जल्द सामने प्रकट हो जाती थी। माध्यमिक पढ़ाई के बाद वह अपनी ज़िद पर अड़ी रही कि वह विदेश में पढ़ाई करने जाएगी। माता–पिता ने कई प्रकार से समझाया। यहाँ तक कि कहा कि "बेटी किरण! हम माँ–बाप अकेले ही रह जाएँगे। कभी कुछ हो गया तो तुम्हारा क्या होगा? हमारे पास तो कुछ भी अभाव नहीं है। तुम यहाँ रहकर भी पढ़ सकती हो।"

नानी मरे कि वह माता–पिता की बात मान जाए। उसने एक बार अपनी इच्छा प्रकट कर दी तो वह दोबारा उस पर विचार करने वाली नहीं थी। बेटी को दुःखी न करने के कारण उन्होंने बात को स्वीकार किया और किरण अध्ययन के लिए यू.एस.ए. चली गई। वह बहुत प्रसन्न थी। भले ही माता–पिता ने अपनी छाती पर पत्थर रखा था, उसे इसकी परवाह नहीं थी। बड़े आराम से वह अपना छात्र जीवन बिताने लगी। कभी फोन पर या स्काइप के सहारे बात कर लेती थी। वह अपने दोस्तों में वहाँ के जीवन से इतना अभ्यस्त हो गई कि धीरे–धीरे बात

करने का समय निकालना भी कठिन हो गया था। किरण को वहाँ का जीवन भा गया। सच कहते हैं, व्यस्तता में समय के बीतने का एहसास ही नहीं होता है। चार साल बहुत जल्द ही बीत गए। पढ़ाई तो शायद पूरी भी हो गई। काफी दिनों बाद किरण ने फोन किया "अब मेरे लिए चिन्ता करने की कोई बात नहीं। मेरे लिए लड़का नहीं ढूंढ़ना है। मैंने किसी को पसन्द कर लिया है। स्काइप पर आऊँगी तो ज़्यादा बात करूँगी।" इतना कहते हुए उसने फोन काट दिया।

विनोद सोच में पड़कर मन–ही–मन विचार करने लगा कि इस लड़की में इतनी पढ़ाई के बाद भी किसी प्रकार का परिवर्तन नहीं आया। बचपन में जिस प्रकार ज़िद करती थी आज भी वैसी ही है। हमें सोचने का मौका तक नहीं देती। सब कुछ हो जाने के बाद केवल संकेत कर देती है। कहीं एक रोज़ हमें ऐसी स्थिति में तो नहीं डाल देगी जहाँ से हमें पछताते हुए दिन गुज़ारने पड़ जाएँ? अभी इतना सोच ही रहा था कि नेहा वहाँ आ गई। आते ही उसने विनोद को चिंतित अवस्था में देखा। उससे रहा न गया। दरअसल, नेहा विनोद को जी–जान से चाहती थी। उन्होंने प्रेम विवाह किया था लेकिन बहुत सारे झमेले सामने आए थे। कई प्रकार की बाधाएँ आईं थीं तब कहीं जाकर शादी कर पाए थे। यही नहीं, शादी के एक महीने बाद ही घर से अलग कर दिए गए थे। फिर भी, विनोद ने नेहा पर आंच न आने दी। हर परिस्थिति में साहस बटोरकर उसका ही साथ देता रहा। शायद यही कारण है कि समजाति और समस्तर के न होने पर भी विनोद ने कभी नेहा का साथ नहीं छोड़ा। यही कारण है कि विनोद को तनिक भी चिंतित अवस्था में देखकर उससे रहा नहीं जाता। वह पास आकर कंधे पर हाथ रखते हुए बड़े प्यार से बोली– "क्या हुआ विनोद– क्यों इतने परेशान हो...?"

"परेशान!... नहीं तो बस यों ही...." छिपाने और सामान्य स्थिति में आने की कोशिश में विनोद ने कहा।

"विनोद, ऐसा जता रहे हो कि आज प्रथम बार मैं तुमसे बात कर रही हूँ? पति महोदय! शादी के कितने साल बीत गए बल्कि इससे पहले से भी मैं तुम को जानती हूँ, फिर तुम्हारी हर अदा और क्रिया–प्रतिक्रिया से परिचित हूँ।"

"नेहा, मैं कुछ छुपा नहीं रहा हूँ! मैं सोच रहा था। अभी–अभी किरण ने फोन किया था...।"

"फोन... क्या कहा, मुझे बुला नहीं सकते थे? अच्छा छोड़ो–बोलो, उसने क्या कहा... कोई ख़ास बात?"

"हाँ... खास बात ही तो है। उसने बताया कि अब उसके लिए लड़का ढूँढ़ने की आवश्यकता नहीं। वह एक लड़के को पसंद करती है।"

"कैसा है वह कुछ तो बताया होगा। हमारी जाति का है या...। प्रश्नों की बौछार करती हुई नेहा बोलती चली जा रही थी।

"ये सब पूछने का मौका ही कहाँ मिला?" उसने कहा कि शाम को 'स्काइप' पर बात करने वाली है। तब पूछ लेंगे। शायद फोटो भी दिखाएगी।"

"अब ये चार घण्टे हैं। पता नहीं कब वह बताएगी?" नेहा के लिए समय जैसे थम गया हो। घड़ी की सूइयाँ जैसे ठिठक गई हों। जल्दी–जल्छी सारा घरेलू कार्य समय की प्रतीक्षा करने लगी। वह किरण से बात करने के लिए लालायित थी। वैसे भी माताएँ शादी की बात पर ज़्यादा ध्यान देती हैं। साढ़े सात बजे वह तैयार हो गई। सचमुच ही वह प्रकट हुई। वह बोलने लगी "माँ! मैंने पिताजी से बात कर ली है। मैंने लड़का खोज लिया है। उसका नाम क्लीलसोन' है। मैं उसका चित्र दिखाती हूँ।" चित्र सामने रखा। नेहा दंग रह गई। विनोद को पुकारती हुई जिज्ञासु भाव से कहा, "जल्छी आओ...।"

विनोद दूसरे कमरे में लेटा हुआ था। नेहा की आवाज़ सुनकर वह डर सा गया। सोचा, कहीं कुछ गड़बड़ तो नहीं...। वह झट–से जल्दी आने का प्रयास किया, लेकिन आते ही दंग रह गया। 'स्क्रीन' पर लड़के का चित्र देखकर वह ठिठक कर रह गया। वह झट से पूछ बैठा "यह किस 'जुलू' का चित्र देख रही हो नेहा? नेहा ने अपने आपको सँभालते हुए कहा– "जुलू" नहीं, यही तुम्हारा दामाद है!" सुनते ही जैसे विनोद के पैरों तले की ज़मीन खिसक गई। एक पल के लिए ऐसा लगा कि नेहा उसके साथ मज़ाक कर रही है। उसने पुनः पूछा "नेहा, क्या तुम सच्च बोल रही हो...?"

"जी हाँ, किरण ने अभी–अभी मुझसे कहा। यह भी कहा कि दो सालों से वह उसके साथ रह रही है। यदि शादी करेगी तो उसी से वरना वह ऐसे ही उसके साथ रहने लगेगी। ऐसा करने में उसे शर्म भी नहीं आएगी क्योंकि वहाँ के रहन–सहन में ऐसा होता ही है।"

विनोद का सिर चकरा गया। उसके दिमाग में यह बात बैठ ही नहीं रही थी कि उसकी लड़की पढ़ने गई थी। फिर प्यार करना भी पाप नहीं, लेकिन गैर जाति में, वह भी एक काले व्यक्ति से...? वह अपने आपसे प्रश्न कर बैठा कि इतने बड़े अमरीका में उसे यही लड़का मिला था? हे भगवान! नेहा, विनोद को समझाती और विनोद नेहा को सँभालने की कोशिश कर रहा था। इसके बाद... किरण ने फोन करना और 'स्काइप' पर आना भी छोड़ दिया। इधर से माता–पिता कोशिश करते रहे किसी भी तरह बात हो तो उस पर विचार किया जाएगा।

दो महीनों के बाद किरण ने फोन किया। उसने अपनी माँ को बुलाया। नेहा जल्दी आई। उसे लगा कि कोई शुभ समाचार होगा। चोंगा उठाते ही न राम–न सलाम, तुरन्त किरण ने कहा– "अगले महीने मैं शादी करने आ रही हूँ। सभी तैयारियाँ करना शुरू कर दें। मैं अमुख तिथि को चार बजे हवाई जहाज़ से उतर रही हूँ। शेष आने पर बताऊँगी।" इतना बोल कर उसने फोन काट दिया। नेहा

को कुछ पूछने का मौका भी नहीं मिला। वह सोचने लगी, यह लड़की तो नाक में दम कर रही है। अब ऐसा लगता है कि हम उनके माँ–बाप नहीं बल्कि वह हमारी माँ–सास बन गई हैं। मन में जो आता है, बकती चली जाती है। सलाह माँगने के बजाए हुक्म चलाती रहती है। ऐसा लगता है कि वह पाश्चात्य रंग–ढंग में रम गई है। न बड़ों का आदर न पहचान। दूसरी बात यह है कि वह अपनी इकलौती होने का भरपूर लाभ उठा रही है। अब आगे जो होगा, देखा जाएगा।

समय आने पर बिना बताए वह एक टैक्सी लेकर घर पहुँच गई। विनोद तो घर पर नहीं था लेकिन नेहा के आश्चर्य का ठिकाना न रहा। उसे पलभर ऐसा लगा कि वह स्वप्न देख रही है। आते ही उसने कहा– ''माँ, काफी थकी हुई हूँ। एक कप कॉफी मिल सकती है प्लीज़?''

नेहा को अचरज हुआ। न राम न सलाम, न गले मिली न पैर पड़ी। ऐसा लगता है कि उसने तो सारे संस्कारों की बलि चढ़ा दी हैं। बेटी से ज़्यादा वह बेटा, वह भी बिगड़े हुए बेटे जैसी नजर आ रही थी। आँखों की बरौनियों में पीरसिंग' नाक भद्दी सी फूली–बालों के रंग तो जैसे टूटे बादलों के बीच बिखरा हुआ इंद्रधनुष के रंग हो। वह मन ही मन सोच रही थी कि बेटी है कि मुसीबत है? यहाँ तो प्रसन्नता और स्वाभिमान के बदले आत्मग्लानि सी महसूस हो रही है। गल भी ऐसे चलाती है कि लगता है, गाँव की कोई लड़ाकिन हो। वह कुछ कहती लेकिन सोचा कि अभी–अभी लौटी है, बस कॉफी दे दूँ। वह रसोईघर में कॉफी की तैयारी करने गई। किरण अपना सारा सामान कमरे में रखने लगी। फिर वह बैठक के सोफे पर पैर–पर–पैर धरे बैठ गई। कॉफ़ी और बिस्कुट पहुँच गए। चुस्की लेती हुई कहने लगी ''मॉम, अगले सप्ताह हम शादी कर रहे हैं। सारी तैयारियाँ हो जानी चाहिए। बीच सप्ताह में वीलसोन फोन करेगा कि किस दिन को वे पहुँच रहे हैं।''

तब तक विनोद पहुँच गया। उसे बड़ा अटपटांग लगा। लड़का आया नहीं है फिर भी शादी की तैयारी बोल रही है। उसने किरण से पूछा ''अरी बेटी, ऐसे कैसे हो सकता है? पहले उस का परिवार भी आ जाए तो बात बने।''

''नहीं डैड! चिन्ता की कोई बात नहीं। बस, जैसे मैं बोलती हूँ वैसे करते जाओ। हमने प्लानिंग कर ली है।''

''हूँ यह भी कोई बात हुई? जाने आज के बच्चे कैसे और क्या सोचते हैं? इनकार करें तो झट–से धमकी देगी कि वह पुनः विदेश जा रही है और कभी न लौटेगी।'' विनोद सोचने लगा कि बच्चों के आगे माता–पिता कभी कितने विवश हो जाते हैं।

उसने सारी तैयारियाँ शुरू कर दीं। बहुत जल्दी में पंडा, किराए पर मिलना कठिन था इसीलिए बगल के गाँव में एक ऐसा सभागार लिया जिस में शादी के सारे कार्य सपरा दिए जाते हैं यानि शनिवार को पकाना, खाना, पूरा आयोजन का

पैकेज। विनोद सम्पन्न तो था ही, उसके लिए तीन लाख तक खर्च करना कठिन नहीं था। सारा प्रबंध लगभग हो चुका। बस, दुल्हन का जोड़ा और वर का सूट खरीदना बाकी था। विचार करने पर किरण ने कहा कि आप लोग चिन्ता न करें। मेरे पास घाघरा–चोली है और वीलसोन अपने सूट ही से शादी कर लेगा। लेकिन नेहा को अच्छा नहीं लगा। उसे ऐसा लग रहा था कि जल्दी की शादी में पाश्चात्य का प्रभाव बहुत ज़्यादा है। उसने किरण से कहा– ''बेटी शादी हम कर ही रहे हैं तो क्यों न अपनी संस्कृति और परम्परा अनुसार करें? अच्छी सी साड़ी ले लो और वीलसोन के लिए सलवार–कमीज।'' ''हूँ! तुम लोग नहीं सुधरोगे। अरी माँ, एक दिन कपड़े धारण करने के बाद फिर तो कभी नहीं पहनेंगे। एक रोज़ के लिए बेकार में खर्च करने की आवश्यकता नहीं। हम तैयार हैं, हम ऐसे ही शादी करेंगे। हमें ज़माने को प्रसन्न करने की आवश्यकता नहीं।''

नेहा अवाक् रह गई। उसने विनोद से हस्तक्षेप करने की बात कही लेकिन विनोद ने नेहा को समझाया कि ये लोग यहाँ रहने वाले तो नहीं हैं। जो कुछ भी किरण कर रही है, सिर्फ सूचना मात्र ही हमें प्राप्त हो रही है। ऐसा लगता है कि केवल औपचारिकता निभाने के लिए सब कर रही है। मैं तो कहूँगा कि जैसे चाहती है, उसे करने दो। हम बस उसको सहारा दे दें। नेहा पहले तो तैयार नहीं थी लेकिन विनोद के बारम्बार समझाने पर उसने भी मान लिया। उन्होंने तैयारी शुरू कर दी। शनिवार आ गया। हल्दी विधि के लिए सारी तैयारियाँ हो गईं। किरण से पूछने पर पता चला कि वीलसोन के परिवार और स्वयं वीलसोन रविवार की सुबह आ रहे हैं। विनोद और नेहा की जान में जान नहीं आ रही थी। ऐसी भी शादी होती है। सारा कुछ हो रहा है पर दूल्हा अभी विदेश में... पता नहीं क्या होगा? शनिवार को खूब दावत–पंगत, नाच–गाना सारा कुछ हो गया।

रविवार को एक एस.एम.एस. आया कि चिन्ता न करें, हम आ ही रहे हैं। सभी को इत्मीनान हो गया। दुल्हन तैयार होकर अपने यहाँ की विधि पूरी कर सभागार के एक कमरे में प्रतीक्षा कर रही थी। इधर, विनोद और नेहा मेहमानों का स्वागत कर रहे थे। उसने कुछ रिश्तेदारों को भी इस कार्य में लगा दिया था। सारा कुछ सामान्य रूप से हो रहा था। जब शादी की घड़ी नज़दीक होने लगी तो किरण भी चिंतित हुई। उसने फोन किया। कई बार फोन करने के बावजूद भी उधर से जवाब मिल रहा था कि यह नंबर 'एक्जीस्ट' है ही नहीं। उसने 'एस.एम.एस.' भी किया पर कोई उत्तर नहीं मिल रहा था। विनोद ने किरण से पूछा– ''क्या हुआ बेटी...? वे लोग कहाँ हैं? समय करीब आ रहा है।...'' विनोद ने घबराते हुए कहा।

किरण का चेहरा उतरने लगा था। वातानुकूलित कमरे में भी पसीने की बूँदे चमकने लगी थीं। एक–दो सहेलियों के चेहरे भी बता रहे थे कि कुछ समस्या हैं। किरण ने बताया– ''पिताजी, सारे 'कनेक्शंस' कट चुके हैं। नौ बजे उन्होंने कहा

कि हम आ ही रहे हैं, पर अब कोई खबर नहीं। न कोई फोन लेता है और न ही 'एस.एम.एस.' से भी जवाब मिल रहा है। अब तो मुझे डर लगने लगा है।''

नेहा ने जब ऐसी बात सुनी तो जैसे उसके पूरे बदन में गरमी छितर गई। वह पसीने से तर हो गई। उसे कमज़ोरी महसूस होने लगी। विनोद भी अपने को सँभाल नहीं पा रहा था। उसे चेहरे पर चेहरा लगाकर लोगों के सामने प्रस्तुत होना पड़ता था। लोग भेंट दे रहे थे तो सामान्य रूप से उनसे कहता था कि भोजन खाने के बाद ही जाना होगा। वर–वधू को आशीर्वाद दिए बिना मत जाना। अंत में, जब समय एकदम करीब आ गया तो वह किरण के पास गया। पूछने पर पता चला कि अभी तक कोई जवाब नहीं आया। किसी को कुछ सूझ नहीं रहा था कि क्या करे। एक चचेरा भाई हवाई अड्डे पर काम करता था। उनकी सहायता से वीलसोन के नाम एवं देश एवं हवाई जहाज़ के नाम आदि देकर पुछवाया गया कि क्या यह परिवार मॉरीशस पहुँच चुका है...? लेकिन सारे अनुसंधान के बावजूद भी कोई खबर नहीं मिली। धीरे–धीरे वक्त टल चुका। प्रतीक्षा की घड़ी अपनी सीमा तक पहुँच गई। इंतज़ार करते–करते दो घण्टे देर हो गई। अंत में, विनोद और नेहा मंच पर अपने हाथ जोड़े, चेहरा उतरे, उदासी लिए सामने खड़े हो गए। पंडित जी के संकेत पर विनोद ने कहा ''बहुत दुःख के साथ मुझे कहना पड़ रहा है कि किसी कारणवश यह शादी आज नहीं होगी। हम आप सभी के प्रति आभारी और क्षमाप्रार्थी हैं। इस संबंध में हमें भी ठीक–ठीक जानकारी नहीं हुई है कि क्या हुआ है। वर पक्ष के लोग अभी तक विदेश से आए नहीं हैं। सभी से हाथ जोड़कर क्षमा माँगता हूँ। ''बोलते–बोलते विनोद का गला रुँध गया और कोई बोल फूट न पाया। उधर, नेहा भी रो रही थी। किरण की सहेलियाँ उसको सांत्वना बँधा रही थी।

हॉल में तरह–तरह की बातें होने लगी थी। ''यही विदेश में शादी करने का नतीजा है।'' ''आज की पीढ़ी माँ–बाप को जीते–जी मार देगी।'' ऐसा भी कोई करता है?'' जितने मुँह उतनी बातें होने लगीं। जो सभ्य थे वे थोड़ी नम्रता से आलोचना करते थे जो कमपढ़ थे वे मोटे तरीके से बेइज़्ज़ती के रूप में कहते थे। किरण का पूरा परिवार एक भँवर के किनारे खड़ा हो गया था। विनोद पसर कर बैठा निराशा भरे स्वर में कहता था कि ''जीवन में ऐसी भी स्थिति आ जाती है जिस की हमने कभी कल्पना तक नहीं की थी।''

■■■

एक और मोड़

ईश्वर की हर रचना निराली होती है। उन सभी निरालेपन में से मनुष्य की रचना तो और भी आश्चर्यजनक है। उसने मनुष्य में तरह–तरह के रूप, विचार शक्ति और विशेषता प्रदान की है। कोई जन्मसिद्ध कलाकार की विद्या पा लेता है और कोई कभी कितने परिश्रम के बाद ऐसा कलाकार बन पाता है कि वह विश्व प्रसिद्ध हो जाता है। राकेश उन्हीं व्यक्तियों में से एक था जिसने पिछले जन्मों का पुण्य प्राप्त किया था और अच्छा चित्रकार बन गया था। बचपन से ही वह जहाँ रहता, कुछ–कुछ बनाता रहता और इस तरह प्राथमिक के बाद माध्यमिक स्कूल में भी चित्रकारिता में माहिरी प्राप्त कर ली। जिसके भीतर कोई चीज जन्मसिद्ध हो, उसे बस मार्गदर्शन की आवश्यकता होती है और राकेश को ऐसा हुआ। आज वह एक अच्छा कलाकार बन गया। उसका अनुज अभय भी पढ़ने में तेज था। वह भी अपने अग्रज की प्रसिद्धि को देखकर चित्रकारिता विषय को अपनाना चाहता था। वह बहुत प्रयत्न करता लेकिन उसे सफलता नहीं मिलती थी। उसके पिता विनोद ने उसे समझाया– ''बेटे, सभी लोग बराबर नहीं हो सकते। हर एक आदमी की अपनी विशेषता होती है। तुम जिस विषय को चाहते हो उसी पर ध्यान दो।'' अभय ने पिता की बात मान ली। उसकी माँ–माया यह नहीं चाहती थी कि उसका दूसरा बेटा पहले की तरह ख्याति न प्राप्त करे। वह उसे ज़बरदस्ती चित्रकारिता करने का प्रोत्साहन देती और यह भी कहती– ''अभय! तुम अपने और टीचर से ट्यूशन कर लो ताकि तुम भी राकेश की तरह सबकी आँखों का तारा हो जाओ।''

अभय समझ गया था कि उसमें यह गुण है ही नहीं तो भला बेकार में थकने से क्या लाभ? वह बैंकिंग की ओर ध्यान देने लगा और अपने--आप को स्वतंत्र महसूस करता। एक रोज़ विनोद के एक पड़ोसी ने रास्ते पर जाते हुए उसे रोका। दरअसल, उसने अपनी बहू के लिए चित्रकारिता की ट्यूशन राकेश से दिलाने का प्रस्ताव रखा। विनोद ने बिन सोचे–समझे हामी भर दी। उसने कहा ''मैं राकेश से कह

दूँगा। फिर उत्तर दूँगा।'' घर पहुँचकर राकेश से इसकी चर्चा की। पहले तो राकेश हिचकिचाया क्योंकि वह अभी चौबीस साल का युवक था जबकि सिंग की बहू सत्ताइस साल की हाल में ब्याह कर आई हुई महिला थी। यह उसका सौभाग्य था कि शादी के तुरंत बाद ही एक नौकरी मिल गई और वह छात्राध्यापक बन गई। शिक्षण सामग्री की आवश्यकता ने उसे यहाँ तक खींच लाने की विवशता दी। किसी भी तरह राकेश ने बात स्वीकार कर ली। सप्ताह में एक या दो दिन रात्रि के समय वह राकेश के पास आने लगी। कभी–कभी तो काफी रात हो जाती थी। किसी को तनिक भी शक नहीं होता था कि राकेश और दिव्या कमरे में अकेले इतनी देर तक क्या करते हैं। इस तरह उनका ट्यूशन चलता रहा। वे एक–दूसरे से अधिक परिचित होते गए।

दिव्या के पति सुदेश सरकारी नौकरी करते थे। उनके घर लौटने का समय एक–सा नहीं था। कभी अतिरिक्त कार्य करना हो तो रात्रि में बारह–एक बजे रात्रि में भी आते थे। उन्हें भी अपनी पत्नी पर पूरा विश्वास था क्योंकि उन्होंने लव मैरिज की थी बल्कि शादी के पहले भी सुदेश ही दिव्या के शिक्षण का खर्च उठाता था। दोनों की गृहस्थी अच्छी तरह चलती थी। समय बीतता गया और वे एक बच्ची के माता–पिता भी बन गए। रुकावट की घड़ी आने पर भी दिव्या ने ट्यूशन लेना नहीं छोड़ा। वह कभी आती तो कभी नहीं। उसकी समय सारिणी एक–सी नहीं थी। जब समय मिले तो बस वह राकेश को फोन कर देती। राकेश उसकी प्रतीक्षा बेचैनी से करने लगता। राकेश के जीवन में इतने करीब से प्रथम बार के लिए एक स्त्री आई हुई थी। वह पता नहीं कैसे धीरे–धीरे उसकी ओर आकृष्ट होने लगा। दिव्या तो गृहस्थ जीवन की अभ्यस्त थी। राकेश के समीप आने पर उसे बिल्कुल हिचकिचाहट नहीं होती, लेकिन राकेश की धड़कनें तेज हो जातीं। दिव्या ने राकेश की भावना समझ ली थी। वह कभी जान–बूझकर उसके समीप आती। अपने बदन का स्पर्श करवाती। राकेश से रहा नहीं गया। एक रोज़ उसने उसका हाथ पकड़ लिया और उसे अपने बाँहों में कसने की इच्छा प्रकट की। दिव्या ने इस हरकत का तनिक भी बुरा नहीं माना। स्वीकारात्मक रूप में वह उसके पास हो गई। एक–दूसरे से आलिंगन के रूप में वे लिपट गए। इस तरह जैसे राकेश की स्थिति ऐसी हो गई जैसे शेर के मुँह में खून लग गया हो। अब उसका समय कटता ही नहीं था जब तक वह दिव्या को देख न ले। दिव्या भी युवा राकेश को अपना प्रेमी मान कर अपने को रोक नहीं पाती। वह राकेश को अपना सर्वस्व निछावर कर देती।

धीरे–धीरे इनकी हरकतों की जानकारी विनोद को लग गई। उसने अपने

बेटे राकेश से कहा "तुम लोग ट्यूशन की आढ़ में जो कर रहे हो, ठीक नहीं। वह शादीशुदा एक बच्ची की माँ है। तुम ट्यूशन देना बन्द कर दो।"

"यह कैसे हो सकता है? मैं कैसे बोल सकता हूँ? उसे अपने आप से रोकना चाहिए। मैं किसी से कुछ नहीं कह सकता।" राकेश ने इंकार करने के भाव से कहा। राकेश भी अन्दर ही अन्दर दिव्या को चाहने लगा था। चाहना क्या, बस वह एक शादीशुदा स्त्री के साथ जुड़ गया था। एक युवक को शादी से पहले सारा कुछ मिल रहा था, इससे बड़ा आकर्षण और क्या हो सकता है? ऐसी बात को हवा लगते देर नहीं होती। होती–होती बात उसके पति के कानों तक पहुँच चुकी। दिव्या का पति बहुत ही अनुशासित व्यक्ति था। वह ऐसी बात को पचा नहीं पाया। दिव्या से कहा– "मेरी बच्ची को मेरे पास छोड़कर चली जाओ। मैं इस घर में तुम्हें बरदाश्त नहीं कर पाऊँगा।" दिव्या ने इन्कार की भावना बिल्कुल नहीं बतायी। वह स्वतंत्र रूप से जीना पसंद ही करती थी। वह अपनी माँ के घर भी नहीं गई। नौकरीशुदा थी, सो मास के अंत में वेतन मिल ही जाता था। इसी बलबूते पर उसने किराए का एक घर ले लिया। वह अकेली स्वतंत्र रूप से जीने लगी। अब वह लोगों के सामने शादीशुदा नहीं बल्कि युवती जताने लगी थी। लड़के फांसने के तरीकों से भी अभ्यस्त हो चुकी थी। उसने एक अधेड़ चीनी को अपने जाल में फँसा दिया। वह भी बेचारा अकेला भटका–भटका फिर रहा था। मोटर–नौकरी घर सब कुछ था। यदि किसी चीज की कमी थी तो एक जीवन साथी की। बुद्ध भगवान की कृपा से वह भी पूर्ण हो गई। उसने दिव्या से दोस्ती कर ली और वही दोस्ती बाद में इतनी गहराती गई कि दिव्या उसकी पत्नी जैसी हो गई। शादी की नौबत तो नहीं आई लेकिन पति–पत्नी की तरह जीने में उन्हें कोई रुकावट न थी।

राकेश के पिता ने सोचा कि इस ब्याही, एक बच्ची की माँ से छुटकारा पाने के लिए उसकी शादी कर देना ही उचित होगा। दूर की रिश्तेदारी में उसकी बात चलाई गई। लड़की सुंदर थी इसलिए राकेश ने देखते ही स्वीकार लिया। जान–पहचान आगे बढ़ाने के लिए राकेश सोनिया के घर भी जाने लगा। दोनों ने 'फ्रे कांते' का खूब आनंद उठाया। धीरे–धीरे बात यहाँ तक पहुँची कि अब दोनों की शादी कर देनी चाहिए। दोनों ओर के परिवारों ने ऐसा ही निर्णय लिया। सारी तैयारियाँ होने लगीं। जब सामने तीन सप्ताह रह गए तो राकेश ने कहा "पिताजी, मैं सोनिया से शादी नहीं कर सकता।"

"क्यों! क्या बात है? लगभग एक साल से तुम उसे जानते हो। एक–दूसरे को पहचानते हो... फिर अब क्या हो गया?"

''वह अच्छी लड़की नहीं है। मैं उससे शादी नहीं कर सकता'', बस सीधे–सीधे राकेश ने कह दिया।

विनोद ने सोचा, शायद उससे कुछ छिपाता होगा। अपनी माँ या भाई से कारण बता सकता है। उसने उन दोनों से इस संबंध में जांच करने को कहा। आखिरकार पता चला कि सोनिया शादी लायक नहीं है। एक शाम राकेश की माँ ने बताया कि सोनिया गर्भवती है और राकेश कह रहा है कि यह उसका बच्चा नहीं है। विनोद के आश्चर्य का ठिकाना न रहा। शादी का सारा प्रबंध हो चुका है। कई जगहों में तो न्यौता भी दिया जा चुका है। अब क्या किया जाए? उसे कुछ समझ में नहीं आ रहा था। घर के सारे लोग परेशान हो गए थे। उधर, सोनिया का परिवार राकेश की प्रतीक्षा कर रहा था। उन्हें शंका–सी होने लगी कि वह आता क्यों नहीं। पूछताछ के बाद पता चला कि सोनिया सचमुच ही पेट से है। माँ–बाप को पता नहीं चल रहा था कि राकेश क्यों कहता है कि सोनिया के गर्भ में उसका बच्चा नहीं। बात डी.एन.ए. तक पहुँच गई। डी. एन.ए. की रिपोर्ट में क्या थी, किसी को बताई नहीं गई, परन्तु बात वहीं रुक गई। काफी दिनों बाद पता चला कि सोनिया एक साथ दो लड़कों से मिलती थी, और वह बच्चा दूसरे लड़के का था।

इधर, विनोद ने सोचा कि सारी तैयारियाँ हो चुकी हैं तो यदि कोई लड़की दीख जाए तो ब्याह कर ही डालेंगे, नहीं तो राकेश कहीं उस स्त्री के पीछे भागने न लगे। माया सोच ही रही थीं कि उसे याद आया कि उसकी दूर की एक ममेरी बहन है, उसके बारे में सोचा जाए लेकिन तीन सप्ताह में क्या हो सकेगा? कोशिश तो की गई। बात बनी भी और हर क्षेत्र से शादी के लिए तैयार हो गए। श्रेया कुछ हिचकिचा रही थी पर माता–पिता की ज़ोर–ज़बरदस्ती ने शादी करवा ही दी। विवाह के बाद वे आराम से रहने लगे। राकेश भी ठीक ही था परन्तु एक रोज़ जब दिव्या का फोन श्रेया की उपस्थिति में प्राप्त हुआ। उनके गृहस्थ जीवन में झटका सा लगा और उस मिठास भरे जीवन में खटास का समावेश हो गया। श्रेया को शक होने लगा कि कहीं राकेश दिव्या के साथ मिलता तो नहीं है। यदि उसके साथ कोई लगाव या रिश्ता नहीं है तो वह फोन क्यों कर रही है? इस उधेड़–बुन में जब वह परेशान हो गई तो उससे पूछे बिना रहा नहीं गया। राकेश के लौटते ही श्रेया ने कहा– ''राकेश, मैं तुम्हारी पिछली या बीती ज़िन्दगी में झांकना नहीं चाहती, लेकिन शादी के बाद मैं किसी भी कीमत में यह नहीं चाहती कि कोई मेरे और तुम्हारे बीच आए। मैं यह बरदाश्त नहीं करूँगी।''

''नहीं श्रेया! मेरे और दिव्या के बीच अब कुछ नहीं। शादी के बाद मेरे जीवन में केवल और केवल तुम हो और कोई नहीं।'' राकेश ने बहुत ही जोर देकर कहा।

श्रेया मान गई। वह जानती थी कि आजकल बहुत ऐसी भी स्त्रियाँ हैं जो एक व्यक्ति के साथ रहकर अपना जीवन नहीं बिताना चाहतीं। वह मानकर ठीक ढंग से जीने लगी। सास–ससुर का भरपूर प्यार पाती रही। कुछ दिनों बाद उसे दुनिया भर की खुशियों का एहसास हुआ जब उसे पता चला कि वह गर्भवती हो गई है। राकेश भी उसे हर प्रकार की खुशियाँ देने लगा। बात तब बिगड़ने लगी जब दिव्या एक सप्ताह में कई बार फोन करने लगी। राकेश भी उसे सुनना नहीं चाहता था। फिर भी, एक–दो बार उसने रोकने के उद्देश्य से उत्तर दिया। श्रेया कभी राकेश का मोबाइल लेकर चैक करती। उसने देखा कि दोनों ओर से विचारों और बातों का आदान–प्रदान हुआ है। उसे शक होने लगा कि राकेश का सम्बन्ध दिव्या से अभी तक है। दोनों में पूछताछ के बाद कभी जोर–जबरदस्ती के साथ नोक–झोंक हो जाती थी। पिता भी इस प्रकार की किचकिच से तंग आ गया था। कभी नाराज होकर कह देता यदि शांतिपूर्वक रहना है तो रहो, नहीं तो मेरे घर से चले जाओ। श्रेया को कई बार ऐसी बातें सुननी पड़ीं। वह अपने घर में शांतिपूर्वक जीती थी परन्तु यहाँ के वातावरण से वह ऊब गई। वह सहन न कर सकी। उसने बिना बताए एक रोज़ टैक्सी को फोन किया और अपने मायके की ओर चल दी। राकेश मना करता ही रहा लेकिन श्रेया ने निर्णय कर लिया था। राकेश का दिमाग काम कर नहीं पा रहा था कि क्या करे। विनोद और माया भी तंग आ गए थे। राकेश अब आवारा बादल की तरह हो गया था। वह न किसी से दोस्ती करता और न किसी से बात ही करता। बस, घर की चार दीवारी में बंद रहता और शराब और न जाने किस नशीले पदार्थ का आदी हो चुका। पिता ने नाराज होकर एक रोज़ कह दिया "हम सभी लोग तुम्हारे व्यवहार से तंग आ गए हैं। जब से जवान हुआ है हमें चिन्ता के सिवा कुछ नहीं दिया। अच्छा–भला जीवन भी एक नर्क जैसा बन गया है। यदि ऐसा ही जारी रहा तो मैं तुम्हें घर से निकाल दूँगा।"

"तुम क्या निकालोगे, मैं ही यहाँ रहना नहीं चाहता। मेरा जीवन नर्क से भी बदतर हो गया है। मैं तो स्वयं जीना नहीं चाहता। तुम्हारा घर तो क्या, मैं यह दुनिया ही छोड़ देना चाहता हूँ।" कुछ नशे में चूर, उसने माता–पिता के सामने कहा।

इसके बाद विनोद और माया कुछ कहते कि वह घर से निकल कर जाने लगा। अभय ने उसे रोकना चाहा, लेकिन व्यर्थ। वह किसी को सुनने वाला नहीं था। वह रात्रि के समय कहीं चला गया। परिवार ने सोचा कि वह बड़ा है, कुछ समय में लौट जाएगा। रात्रि बीत गई, दिन में भी राकेश नहीं लौटा। अब सभी लोग उसकी तलाश में लग गए। उसके जीवन में जो भी आया, सभी से पूछताछ

की गई पर हर जगह से नकारात्मक उत्तर ही मिले। सप्ताह बीत गया। एक शाम राकेश घर लौटा। ऐसे लौटा कि मानो वह प्रथम बार इस घर में लौट रहा हो। वह किसी से बात नहीं करता, नहीं खाता–पीता। कपड़े भी ढंग से नहीं पहनता। गाँव में लोगों ने उसके व्यवहार को देखते हुए देलेरियेम (Delirium) अर्ध पागल की संज्ञा दे दी थी। कोई उससे लगाव नहीं रखना चाहता था। राकेश भी अपनी दुनिया में गुम था। उधर श्रेया ने एक लड़के को भी जन्म दे दिया। वह राकेश के बारे में सुन–सुनकर और भी दूर रहने की कल्पना कर रही थी। धीरे–धीरे सभी लोग राकेश के व्यवहार से तंग आ गए। कोई उसके बारे में सोचता ही नहीं। एक शाम को देखा गया कि उसके घर के सामने एक गाड़ी रुकी। अधिकारियों ने उसे गाड़ी में बिठाया और वह दिमागी रूप से पीड़ित व्यक्तियों के साथ पाग़लखाने के लिए रवाना हो गया।

■■■

राजवन्ती ख़ाली नहीं रही

राजवन्ती अकेली होकर भी पूरे गाँव ही नहीं, कहें कि पूरे देश के लिए हो गई हैं। पिता सुखदेव की मृत्यु के दो साल बाद ही शांति का भी देहान्त हो गया। तब से बाल्मीक अपनी किशोरावस्था में घर को सँभालने लगा। माता–पिता के स्वर्गवास के पश्चात् जैसे वह ही घर का मुखिया बन गया था। राजवन्ती मंझली बहन भी इसलिए वह ज़्यादा समझदार भी थी। रंजीता तीसरी और संगीता चौथी लड़की थी। रंजीता बचपन से ही बीमार–बीमार–सी रहती थी। घरेलू कार्यों से उसे वंचित रखा जाता था। संगीता छोटी थी इसलिए दुलार से बिगड़ी हुई थी और छोटी होने के कारण बड़ी बहनें उसको काम भी नहीं करने देती थीं। बाल्मीक की तो जैसे छोटी बहन उसकी जान ही थी। बाल्मीक पढ़ा–लिखा तो नहीं था, लेकिन कम उम्र में ही उसे काफी अनुभव हो चुका था। कहा भी गया है... आवश्यकता आविष्कार की जननी है। हर बार जब भी आवश्यकता पड़ती थी तो वह घर के लिए या अपनी बहनों के लिए कुछ न कुछ करता ही रहता था। एक और बड़ी बहन थी जो शादी कर दूसरे गाँव चली गई थी। उसका पति कभी–कभी राजवन्ती के परिवार को देख आता था। समय के साथ उसका आना भी कम हो गया।

बाल्मीक खेतों में मज़दूरी करता था। मज़दूरी के पैसे कभी–कभी कम भी पड़ते थे। उसने सोचा कि अतिरिक्त पैसे कमाने होंगे। कुछ पैसे थे और कुछ माता–पिता के मरने के बाद प्राप्त हुए थे। उसने पाँच हज़ार रुपये की लागत से एक मोटर साइकिल खरीदी। मोटर साइकिल जैसे उसके लिए हाथ–पैर हो गई। उसने सोच लिया कि गाँव में रोटी की समस्या होती है। अतः वह सुबह को रोटी लाकर बेचेगा। अब वह रोज़ दो बजे सुबह को रोटीघर चला जाता और रोटी लाकर गाँव में वितरण करने लगा। जीवन में थोड़ा सुधार हुआ। उन्होंने, गाँव वालों और परिवारों के सहयोग से संगीता का ब्याह कर दिया। रंजीता हमेशा अपने भाग्य को कोसती रहती थी, "शायद मैंने बहुत बुरा कार्य किया होगा पिछले

जन्म में। यही कारण है कि इस जन्म में दुःख सहना पड़ रहा है।" वह बीमार पड़ गई और उस अभागिनी का स्वर्गवास हो गया। घर में राजवन्ती और बाल्मीक ही रह गए। बाल्मीक जब काम करने चला जाता तो आस–पड़ोस के लोग राजवन्ती को देखने आते थे। दुःखी होते हुए भी वह बड़ी हिम्मत वाली थी। अपने भाई की सेवा करती थी। बाल्मीक ने कई बार उसकी शादी का प्रस्ताव किया लेकिन राजवन्ती शादी के नाम से नफ़रत करती थी। उसे याद था कि उनके माता–पिता का समय एक–दूसरे से झगड़ते हुए बीतता था। उम्र भी बीस से ऊपर की हो गई थी। गाँव वाले कभी अंट–संट बोलकर उसकी बेइज़्ज़ती भी करते थे। कभी लांछन लगाते हुए कहते– "यह लड़की तो अपने मन की हो गई है। क्या शादी करेगी?" राजवन्ती उनकी बातों से परेशान तो होती थी लेकिन अपने आप को सांत्वना देते हुए उसने कुँआरी रहने की जैसे कसम खा ली थी। उसने अपने भाई की बात टाल दी।

रात्रि अपने चौथे प्रहर में थी। बाल्मीक रोज़ सुबह की तरह अपनी फटफटी लेकर रोटी घर पहुँच गया। बोरियों से भरी गरमा–गरम रोटी लिए गाँव में प्रवेश करते ही पेंक–पेंकू बजाते कहीं टोकरी रखी हो तो उसमें अपने हाथों से रोटी डालता और कहीं टोकरी न हो तो घर के सामने पेंकू–पेंकू करके सभी को ब्रह्म मुहूर्त में जगा देता। गरमा–गरम रोटी पाकर तबियत खुश हो जाती। कोई नाराज होता कि इतने सवेरे क्यों नींद तोड़ गया और कोई दुआ–आशीर्वाद देते नहीं थकता। उनके दिमाग में यह बात होती कि इतने ठण्ड के मौसम में घर में गरम–गरम रोटी आ जाए तो बात ही बन जाती है। भले पैसे खर्च हों लेकिन हाथ में रोटी मिल जाती है।

एक रोज बाल्मीक सुबह तड़के ही रोटी लिए आ रहा था। इधर बन्दूकवा दादा की जीप की बैट्री गिर चुकी थी। बच्चों की सहायता से धक्के देकर पीछे की ओर चला रहा था ताकि चालू हो सके। इधर से बेचारा बाल्मीक पूरी रफ्तार से आगे आ रहा था, क्योंकि रोटी बेचने के बाद उसे नौकरी पर जाना होगा। दुर्भाग्य से ईश्वर को कुछ और ही मंजूर था। बेचारे की टक्कर हो गई और तुरंत उसने दम तोड़ दिया। शोर सुनकर आस–पास के लोग रास्ते पर जमघट लगा चुके। जितने मुँह उतनी बातें होने लगीं। बाद में पुलिस भी आई, लेकिन राजवन्ती तो अकेली थी। उसने केस लेकर आगे बढ़ना नहीं चाहा। राजवन्ती उदास रहने लगी। वह बड़ी हिम्मत वाली लड़की थी। उसके सामने माता–पिता, बहन और अंत में अब भाई ने भी अपना दम तोड़ा। कहते हैं, जिसका कोई नहीं होता उसका भगवान होता है। राजवन्ती अकेले ही जीने लगी। कई दूर के परिवारों ने उससे

आग्रह किया कि उनके पास आ जाएँ पर राजवन्ती पर किसी का अनुरोध का असर नहीं हुआ। वह अपने घर में रहना ही पसंद करती थी। वह पड़ोसी गाँव की फाक्ती में काम करके जीने लगी। यह काम भी उसे रास न आया। उसने घर रहकर रूखी–सूखी खाकर जीना पसंद किया। खाली दिमाग शैतान का घर होता है, पर राजवन्ती ऐसा होने से पहले ही सरकार द्वारा सभी कार्यशालाओं, सेमिनारों और अन्य आयोजनों में भाग लेने लगी। देखते–देखते वह कई विषयों में चतुर हो गई। वह सीखी हुई बातों को कार्य रूप देने लगी। उसने अपने आंगन में एक विशेष परिवर्तन किया। ज़मीन काफी बड़ी थी। इसलिए उसे कई भागों में बाँट दिया। कहीं फूलों की क्यारियाँ तो कहीं सब्जियों की कहीं सजावट के पौधे तो कहीं बौने पेड़। कहीं शशकशाला तो कहीं गोशाला, बकरियों और भेड़ों के लिए भी प्रबंध था। एक कोने में मुर्गी के दड़बे भी थे।

राजवन्ती ने शुरू में बैंक से उधार लिया और कम संख्या में अपना काम शुरू किया। गाँव वाले उनके कामों को देखकर प्रसन्न होते थे। सभी के मुख से प्रशंसा के शब्द सुने जाते थे। लेकिन हमेशा की तरह एक–दो ऐसे होते थे जो शायद जलते थे। वे कहते थे– "हुँह, इस उम्र में भी लड़की कहीं कुंआरी रहती है? बहुत बुरी होगी तभी तो आज भी शादी नहीं करती।" कोई नचनिया कहता, कोई मनमौजी तो कोई ब्रह्मचारिणी। राजवन्ती जानती कि वह अकेली है। वह किसी की बातों पर ध्यान नहीं देती। उस का मन साफ था और वह किसी से भाव भी नहीं खाती। समय–समय पर कृषि मंत्रालय, पी.एम.ओ. के विशेषज्ञ, AREU डेवलेपमेंट के निरीक्षक, सलाहकार, पशु चिकित्सक आदि का आना–जा!ना बना रहता था। इनकी उपस्थिति अन्यों को खलती थी। तरह–तरह की बातें बनती थीं। कितने ही लोगों ने तो उन कर्मचारियों को प्रेमी, पति, रखैल और पता नहीं क्या–क्या कह दिया।

राजवन्ती के कामों में वृद्धि होने लगी। अब अकेली सारे कामों को सँभाल नहीं पाती थी। उसने कई ऐसे परिवारों से मुलाकात की कि जिनके बच्चे पढ़ने में कमजोर थे। कुछ तो घर पर रहते थे, कुछ इधर–उधर घूमकर अपना सारा समय गँवा देते थे। कुछ गलत कामों की ओर भी अग्रसर हो रहे थे। राजवन्ती ने ऐसे ही छात्रों को देखा। उनके माता–पिता से बात की। शुरू में तो बहुत लोगों ने यह कह कर टाल दिया कि बाद में सोचकर बताएंगे। राजमन गाँव का अधेड़ उम्र का व्यक्ति था। वह जानता था कि उसके बेटा अजय से पढ़ा नहीं जाएगा। उसने राजवन्ती से मुलाकात की। "मैं अपने बेटे को आपके पास भेजना चाहता हूँ।" राजमन ने स्वाभाविकता से कहा। "क्यों नहीं! यह तो बड़ी ख़ुशी की बात है।

लेकिन मैं साफ–साफ बता दूँ कि अभी मैं उसको जेब खर्च के लिए ही पैसे दूँगी। फिर जैसे विकास होगा वैसे वृद्धि भी होगी।'' राजवन्ती ने एकदम साफ–साफ बता दिया।

''कोई बात नहीं। कम से कम इधर–उधर भटकेगा तो नहीं और यहाँ कुछ सीख भी जाएगा।''

''ठीक है कल से उसे भेज दें। फिर मैं उससे बात कर लूंगी।''

राजमन ख़ुशी–ख़ुशी अपने घर चला गया। उसने अपनी पत्नी से सारी बातें बताईं। वे तैयार हो गए। दूसरे दिन अजय राजवन्ती के घर गया। वहाँ के वातावरण देखकर चकित रह गया। इतना सुन्दर बाग? उसे ऐसा लग रहा था कि एक छोटा सा चिड़िया घर देख रहा है। जानवर, पक्षी, सुन्दर पेड़–पौधे, छोटी–सी नाली, हरियाली और रंग बिरंगे फूलों से मन आकृष्ट हो जाता था। अजय अपने आप को बहुत खुश पाया। उसने ठान लिया कि यहाँ रहना और काम करना बहुत अच्छा है। अजय राजवन्ती का हाथ बँटाने लगा। एक रोज़ अजय ने राजवन्ती से कहा– ''दीदी, मेरा एक मित्र है। वह पढ़ने में कमजोर है। वह भी हमारे साथ आना चाहता है– क्या आप उसे भी ले सकेगी?''

''यदि अच्छा लड़का है, सहनशील है, भागने वाला न हो तो मैं उसे काम पर ले लूँगी। कल लेते आना।''

दूसरे दिन अजय के साथ काव्य भी आ गया। वह सचमुच एक अच्छा और शिष्ट लड़का था। राजवन्ती की सारी बातें सुनता था। राजवन्ती को बड़ी सांत्वना मिली। इन दोनों को पाकर ऐसा लगता था कि भगवान ने उसके एक भाई को लेकर दो अच्छे भाई दिए हैं। वह इसके लिए भगवान् को हम समय धन्यवाद करती थी।

राजवन्ती का कार्य विस्तार होता गया। धीरे–धीरे उसने अन्य बच्चों को भी लिया। अब उसके पास 72 लोग हो गए थे। सभी को अपना–अपना काम सौंप दिया गया था। हर व्यक्ति अपने काम और जिम्मेदारी से संतुष्ट था। राजवन्ती भी उनके कामों से संतुष्ट थी, पर समय के साथ उसने अनुमान लगाया कि ये बच्चे पढ़ना नहीं जानते हैं। गिनती आदि करने में कठिनाई होती है। इस संबंध में कुछ करना पड़ेगा। उसने कुछ लोगों से मुलाकात की और इस संबंध में जानकारी ली। सौभाग्य से एक बहुत ही होनकार अवकाश प्राप्त मुख्य अध्यापक ने इन बच्चों को कुछ शिक्षा देने की स्वीकृति दी। उन्होंने सोचा कि इन छात्रों को एक नयी विधि के साथ पढ़ाई जाएगी। इस संबंध में एक बैठक लगाकर श्री सुरेश जी ने बताया कि हम सुबह के समय एक घण्टे तक योगा की कक्षा करेंगे, फिर कुछ

हल्के–फुल्के कार्य जिसमें गणित, थोड़ी अंग्रेजी और फ्रेंच भाषा होगी। फिर हम इसे अपने कार्य में जारी रखेंगे। सभी छात्रों ने हामी भरी।

श्री सुरेश जी ने कार्य प्रारम्भ कर दिया। सुबह को सभी लोग योगा की एक कक्षा करते हैं। वे योगा बहुत बरसों से करते हैं। योगा से संबंधित कई प्रमाण–पत्र भी हैं। फिर वे गणित की और अंग्रेज़ी–फ्रेंच की भी कक्षा करने लगे। ये कार्य केवल एक घण्टे के होते थे। फिर प्रैक्टिकल यानि प्रायोगिक रूप में साइट में कार्य होने लगे। कोई अण्डा उठाता है तो गिनती करते हुए उसे हिसाब रखने को कहा जाता। प्रतिदिन, सप्ताह और मास की संख्या बतानी पड़ती थी। इसी प्रकार अन्य लोग भी अपना–अपना हिसाब रखते थे। इस तरह गणित विद्या में कोई अब उनको ठग नहीं पाता था। उधर, अंग्रेजी–फ्रेंच की भी जानकारी रखने लगे। जब भी कोई पशु चिकित्सक या मंत्रालय से कोई आता तो राजवन्ती जान–बूझकर उनको उनसे बात करने के लिए छोड़ देती। वे अपनी टूटी–फूटी भाषा में बात करते और समझाने की कोशिश करते। धीरे–धीरे उनके अभ्यास से काम बनने लगा। अब जैसे राजवन्ती को कुछ नहीं करना है। वह केवल एक सलाहकार जैसा कार्य करती है, बाकी सारे कामों को ये छात्र ही सँभाल लेते हैं। काम के बढ़ जाने से राजवन्ती ने एक फोर बाइ फोर (4x4) गाड़ी भी ले ली। अब तो मंडी तक ले जाने और उधर से कुछ लाने की सुविधा हो गई। मंत्रालय के लोग देखकर दंग रह गए। उनको लगा कि जो काम वे नहीं कर सकते, आज राजवन्ती एक लड़की होकर कर रही है। उन्होंने राजवन्ती को खूब प्रोत्साहित किया और 'स्मीदा' के फंक्शन में सम्मानित भी किया।

मानव में जलने का एक बहुत बुरा स्वभाव होता है। पता नहीं क्यों वह अपने समान लोगों को प्रगति करते नहीं देख पाता। राजवन्ती के साथ भी ऐसा हुआ। उसकी तरक्की को देखकर लोगों में जलन होने लगी। एक रोज़ सुबह जब राजवन्ती फार्म में पहुँची तो पाया कि दो–तीन बकरियाँ ज़मीन पर पड़ी सांसें खींचने के प्रयास में थीं। पशुचिकित्सक को फोन किया गया। राजवन्ती के कारोबार को महत्वपूर्ण समझा जाने लगा था। इसीलिए बिना देर किए पशु चिकित्सक आ पहुँचा। रिपोर्ट में बताया कि ये बकरियाँ ज़हर का शिकार हो चुकी हैं। चार बकरियों की मृत्यु हो गई। बात पुलिस तक पहुँच गई। सी.आई.डी. अपना कार्य करने लगी।

इस घटना से सभी लोग हताश हो गए पर बहुत लोगों ने इनको धीरज बँधाया। यहाँ तक कि कुछ लोगों ने थोड़े पैसे भी इकट्ठा कर लिए। लोगों की भावना देखकर राजवन्ती को बड़ी प्रसन्नता हुई। उसे लगा कि दुःख की घड़ी में

अब मेरा गाँव मेरे साथ है। ऐसा होने के बावजूद भी राजवन्ती ने एक बार फिर से साहस बटोरकर अपने कार्य को विस्तार रूप दिया। उसने एक मीटिंग कर सभी के विचारों को जानना चाहा। सभी लोग जैसे एक स्वर में बोल उठे– "हम यही काम करेंगे और अपनी कम्पनी को आगे बढ़ाएँगे। "यह बहुत सच्ची बात है कि जब आदमी एक जगह पर बरसों तक काम करता है तो उस जगह से, उसकी हर वस्तु से आत्मीयता–सी हो जाती है। एक अटूट संबंध जुड़ जाता है। एक रिश्ता सा बंध जाता है। राजवन्ती ने सभी कामगारों के विचारों का आदर करते हुए एक होकर काम करने का संकल्प लिया। काम जारी हो गया। कम्पनी दिन दूनी रात चौगुनी उन्नति करने लगी। व्यापकता को देखते हुए कितने नए लोग भी जुड़ते चले गए। राजवन्ती ने अभी तक ऐसे ही लोगों को लिया है जो शिक्षा के क्षेत्र में कमजोर हैं।

आज राजवन्ती गाँव ही में नहीं, देश की बड़ी कम्पनियों के मालिकों में से एक मानी जाती है। हर जगह जब भी कोई आयोजन होता है तो उसको अवश्य बुलाया जाता है। उसे वही सम्मान प्राप्त होता है जो एक नेता को या एक बड़े मालिक को मिलता है। इस बात से ज़्यादा उसे इस बात की संतुष्टि मिलती है कि उसने साधारण बच्चों को नयी ज़िन्दगी दे दी है। वे बच्चे भी इनका इतना आदर करते हैं जितनी की उनकी माँ का स्तर हो। कभी तो उससे भी आगे बढ़ जाते हैं, जब कोई उत्सव होता है।

राजवन्ती आज भी अपने काम को पूजा समझकर करती है। अपने सहयोगियों को अपना घरेलू सदस्य मानती है। जलने वाले भी ऐसे रिश्ते को देखकर दोस्त बन जाते हैं। बकरियों को जहर देने वाले व्यक्ति भी सी.आई.डी. से बचने के लिए क्षमा–याचना कर इसी कम्पनी मे काम करने लगे। उन्हें अपनी करतूत पर बड़ी शर्म आई। राजवन्ती आज भी कहती है" किसी को आगे बढ़ते देखकर जलना नहीं चाहिए बल्कि उससे सीखना चाहिए। "राजवन्ती ऐसी ही कम्पनी अन्य जगहों पर खोलना चाहती है, जिससे दुःखी बच्चों को नया जीवन मिल सके।

■■■

कैसे बिखर जाते हैं

"तुम कुछ भी कहो–अब मैं यही रहूँगी।" इन्दिरा ने जोर और दबाव के साथ कहा।

"क्यों... तुम्हारा घर नहीं...? शादी के समय तो तुम्हारा अच्छा–भला घर था। सास–ससुर भी खूब चाहते थे, अब क्या हो गया?" दुखिया मौसी के तेवर भी बदल गए। "देखिए माँ जी! पहले की बात पहले थी। अब सारा कुछ बदल चुका है। अब हमारे दो बच्चे हैं। परी और यश भी हमारे साथ रहते हैं।"

"मैंने ही सुदेश से यहाँ आकर रहने को कहा है। यहाँ तुम अकेली भी तो हो। हम सब तुम्हारी देखभाल भी करेंगे।" इन्दिरा ने थोड़ी नरमी लाते हुए कहा।

"हाँ माँजी! किसी प्रकार की समस्या नहीं आने देंगे।" सुदेश ने भी उसी लय में जोड़ा। "ये सब तुम लोगों की चाल तो नहीं?" दुखिया ने कुछ सोचकर अपना विचार रखा।

दुखिया मौसी संकोच और भय के साथ कहती जाती है। उधर, सुदेश और इन्दिरा तो इतना जोर डाल रहे हैं कि बेचारी अकेली पैसठ वर्षीय दुखिया मौसी दोनों की बातों के प्रहार सह रह थी। उधर, परी और यश का भी प्रलोभन दिया जा रहा था। दुखिया मौसी क्या करे, उसे पता नहीं चल रहा था।

दुखिया मौसी को भगवान ने दो बेटियाँ ही दी थी। इस कारण गया राम मौसा को अच्छा नहीं लग रहा था। वह चाहता था कि एक लड़की के बाद एक लड़के का जन्म हो जाए तो उसका परिवार पूरा हो जाए, लेकिन मनुष्य का बस कहाँ चलता है? इस बात को लेकर दुखिया और सुदेश के बीच तू–तू, मैं–मैं होती ही रहती है। इस कारण सुदेश सरकारी दफ्तर में चपरासी का काम करते हुए भी खूब शराब पीने की लत लग गई थी। कई प्रकार की बीमारियाँ भी लग गई थी। एक रोज़ शाम के समय उसका ब्लड प्रेशर बढ़ गया। गाँव से बाहर वह पता नहीं क्यों चला गया था। लौटते समय उसने गरमी महसूस की और एक नाली में गिर गया। दुर्भाग्य से कई घंटों तक वह वही पड़ा रहा और मर गया। तब से दुखिया मौसी ने दोनों बेटियों का पालन–पोषण किया और दोनों की शादी भी की। हाँ,

उसने उनको उतना पढ़ाया नहीं लेकिन काम चलाऊ ज्ञान प्राप्त हो गया था। इन्दिरा और छोटी बेटी कविता अपने घर में अच्छी तरह रह रही थीं लेकिन सुदेश ने इन्दिरा को उकसाया और आज वे इस घर में घुस आए हैं। विनोद और कविता को अच्छा नहीं लगा। एक रोज़ तो विनोद ने कविता से कह ही डाला– ''कहीं सुदेश और इन्दिरा घर और ज़मीन तो हड़पना नहीं चाहते हैं?'' कविता बेचारी क्या करती...? उसे तो कुछ अच्छा नहीं लग रहा था, न ही बात समझ में आ रही थी।

सुदेश उत्तर प्रांत की कोठी में काम करता था। लेकिन जब से 'बोन वेन' गाँव में आ गया है, अधिकतर समय बेकार ही रहता है। कभी–कभार एकाध जगह थोके या सहायक का काम मिल जाए तो वह कर लेता था। काम कर तो लेता था पर पैसे का ठिकाना न था। जितना भी मिलता, वह शराब, सिगरेट और 'गाजाक' में गँवा देता था। मित्रों को भी खूब पिलाता। घर में आकर किट–किट, खट–पट, पत्नी को मारना, बच्चों की बेइज्जती और जरूरत की चीजों से सबको वंचित रखता। इन्दिरा सुदेश से ऊब चुकी थी। कभी–कभी वह पछताती भी थी कि वह अपने मायके में रहने व्यर्थ में आई है। यहाँ आने पर सुदेश और भी बिगड़ गया, कामचोर शराबी और असत्य का पुलाही बन गया है।

अब सुदेश को एक नया नुस्खा सूझा है। वह अपनी पत्नी को बार–बार उकसाता रहता है कि माँ से यह ज़मीन अपने नाम कर ले। बोलते–बोलते इन्दिरा भी धीरे–धीरे उसके विचार से बहक गई। उसने फुसलाकर घर के पास वाली ज़मीन और घर भी अपने नाम करा लिया। वे प्रसन्नतापूर्वक जीने लगे, यहाँ तक कि ज़्यादा लाभ हुआ। उन्होंने माँ का भत्ता भी लेना शुरू कर दिया। कभी दुखिया मौसी पैसे–पैसे के लिए मोहताज भी हो जाती थी। सुदेश से माँगने में भी लज्जा का अनुभव होता था। इन्दिरा तो मानो कठपुतली ही बन गई थी। पति की हाँ में हाँ मिलाना अपने भारतीय नारी होने का गर्व करती थी। परी और यश को अपनी अपनी आवश्यकता दादी से बोलनी पड़ती जिसका उत्तर नकारात्मक ही होता। दुखिया मौसी रोज़ की खिट–पिट से तंग आ गई थी। वह सोच रही थी कि पति से सुख न मिला अब बेटी–दामाद से भी यही हाल है। वह भगवान को कोसती कि ऐसी किस्मत क्यों दी, ऐसे जीने से तो मर जाना बेहतर है। वह भगवान से उसे उठा लेने की प्रार्थना भी करती।

बात उसकी दूसरी बेटी कविता तक भी पहुँची। कविता ने अपने पति विनोद से बोलना चाहा पर वह हिचकिचा रही थी। वह अपने जीजाजी के करतूतों के बारे में कैसे बताती? वह तो अपने बहनोई को बहुत चाहती थी। साली जो थी। पर उसे क्या पता था कि विनोद अपनी लॉरी में उसी गाँव के किसानों के गन्ने ढोता था। उसका 'ओंफ्ले' चालक–सहायक भी उसी गाँव का था। उसे सारी बातों का पता

था और अपने ड्राइवर विनोद से सब कुछ बता देता था। विनोद को सुदेश के बारे में जानकारी थी पर कविता से कुछ नहीं बोलता था। वह नहीं चाहता था कि कविता और उसके बीच इस विषय पर बहस हो जाए। दोनों अपनी बातों को रहस्य बनाकर रखते रहे। बात कब तक छुपती या दबाई रखी जा सकती है? एक रोज़ तो सामने आनी ही होती है। इनके साथ भी ऐसा ही हुआ।

एक रोज़ सुदेश नशे में चूर अपनी सास के पास आया। उसने कहा कि ''यह घर मेरे नाम कर दो नहीं तो बहुत झगड़ा हो जाएगा।''

''क्यों–क्यों, इस घर को तुम्हारे नाम करूँ? तुम भूल गए कि मेरी और एक बेटी है। बँटवारा होगा तो दोनों को बराबर का हिस्सा मिलेगा, नहीं किसी को कुछ नहीं दूँगी।''

''चुप्प बुढ़िया! कुछ नहीं दूँगी। मैं यहाँ रहता हूँ, तुम्हारी सेवा करता हूँ, घर मैं चलाता हूँ फिर सब कुछ मुझे ही मिलना चाहिए। यह घर और बीस 'पर्स' का ज़मीन भी मेरे नाम कर दो।''

''इन्दिरा! अपने पति को समझा दो। मेरी दो संतान हैं, बँटवारा होगा तो मेरी मर्जी के अनुसार और दोनों को बराबर।'' दुखिया मौसी ने क्रोध में आकर इन्दिरा को कहते हुए सुदेश को भी चेतावनी दी।

''देखो माँ! सुदेश ने जो भी बातें कहीं, अच्छी ही कहीं। हम तुम्हारे साथ रहते हैं। हमारे दो बच्चे हैं, सब कुछ हम सँभालते हैं। इसलिए बेहतर होगा यदि सब कुछ हमारे नाम कर दो।'' इन्दिरा ने भी अपने पति की बोली में बोली मिलाते हुए कह दिया।

इस बात को लेकर माँ–बेटी और दामाद में खूब नोंक–झोंक हो गई। अंत में सुदेश ने अपने क्रोध पर काबू नहीं किया। उसने पास में रखी हुई एक लाठी उठाई। वह उसको मारने के लिए कूदकर आगे बढ़ा। इस बार दुखिया मौसी सचमुच ही डर गई। जब तक उसकी बेटी उसकी रक्षा करती थी तब तक थोड़ा साहस था, पर जबसे इन्दिरा भी अपने पति की ओर से बोली में बोली मिलाने लगी तब से वह हताश हो गई। इस डर से कि कहीं सुदेश नशे की झोंक में पागल होकर मार न दे, वह रात ही को सारा कपड़ा–लत्ता लेकर अपनी माँ के पास चली गई। उसकी माँ फ्लाक जिले के कांदे मास्क गाँव में रहती थी। वह बयासी साल की हो चुकी थी। एक वृद्धा कुँआरी उस की देखभाल करती थी। दुखिया मौसी वहीं जाकर बस गई।

ईश्वर के आगे किसी की नहीं चली। वहाँ रहने के दो सप्ताह बाद ही बुधिया दादी का देहान्त हो गया। वृद्धा कुँआरी भी अब नहीं आती। बस, दुखिया मौसी अकेली उस घर में रहने लगी। बाद में पता चला कि वहाँ की ज़मीन और छोटा–सा घर भी दुखिया मौसी के नाम ही है। इधर, जब इन सारी घटनाओं का पता विनोद

और कविता को चला तो वे आग बबूला हो गए। विनोद स्वभाव से ही कुछ क्रोधी था। उसने सुदेश और इन्दिरा... दोनों को भला बुरा सुनाया। लेकिन सुदेश भी अब कहाँ चुप रहने वाला था? एक रोज़ तो दोनों में हाथापाई भी हो गयी। पुलिस केस का मामला भी आया। स्टेटमेण्ट आदि ली गई। दोनों बहनों ने आपस में बात की कि इस केस को निकाल दें लेकिन सुदेश नहीं माना। बात यहाँ तक पहुँची कि दोनों में बातचीत और आना–जाना बन्द हो गया। इन्दिरा अपने बच्चों के साथ उसी घर में सुदेश के साथ अड्डा जमा चुकी थी। उन लोगों का इतना दावा हुआ कि अब वहाँ का घर तथा ज़मीन उन्हीं की है। वे किसी को फटकने नहीं देते। दुखिया मौसी भी आती तो उसे गाली–गलौच के साथ भगा देते। कविता ने भी अपनी बहन और बहनोई से नाता तोड़–सा दिया। सभी अलग–अलग अपनी खिचड़ी पकाने लगे। कविता ने अपनी माँ से नाता बनाए रखा। वहाँ आने–जाने लगी। बीमारी आदि की अवस्था में यही लोग देखते, यहाँ तक कि विनोद के दोनों... बेटे हर्ष और आदर्श शनिवार के ट्यूशन के बाद वहीं रहने चले जाते। उनकी उपस्थिति नानी को भी बहुत अच्छी लगती। इस तरह उनके अपनापन के रिश्ते विनोद और कविता को वह ज़मीन मिल गई। विनोद ने अपनी सास के लिए एक छोटा सा घर भी बना दिया।

एक रोज़ दुखिया मौसी ने सोचा कि आँखें बन्द करने से पहले ज़मीन और अन्य सम्पत्ति का बँटवारा कर दें। यह बात कविता और विनोद तक भी पहुँची। सारी तैयारियाँ हो चुकीं और पुलिस की निगरानी में कार्य सम्पन्न हो पाया। सुदेश बहुत नाराज था। वह घर के पास वाली ज़मीन पूरी लेना चाहता था, पर माँ और विनोद आदि ने मिलकर उनके बच्चों को देखते हुए घर और कुछ ज़मीन उन्हें दी और थोड़ी–सी अपने लिए रख ली। इस बँटवारे से उनके रिश्ते में और भी दरार पड़ गई। विनोद ने इसके बावजूद भी केस निकालने का अनुरोध किया। सुदेश ने अनसुना कर दिया जिसके कारण दोनों को जुर्माना चुकाना पड़ा। इन घटनाओं से सुदेश और भी पियक्कड़ हो गया। अब तो वह काम पर भी नहीं जाता। इन्दिरा को घर की जिम्मेदारी लेनी पड़ी। वह चिड़चिड़ी–सी हो गई। रोज़ सुबह से शाम तक घर से काफी दूर कारखाने में काम करने लगी। कारखाने के मालिक रोज़ 'ओवर टाइम' करने के लिए विवश करता। इधर, यश और परी अपने मन के हो गए। बात इतनी गम्भीर हो गई कि इन्दिरा बीमार रहने लगी। उसका रक्तचाप कभी सामान्य नहीं रहता। रोज़ बढ़ता ही जाता। धीरे–धीरे उसे सलाह दी गई कि प्रतिदिन गोली लेनी होगी। नहीं तो कभी समस्या हो सकती है। एक शुक्रवार को सुदेश से झगड़ा हुआ और बिना गोली लिए काम पर चली गई। काम करते समय दो घण्टों बाद ही चक्कर आने लगे। उसने काम जारी रखा। उसने सुपरवाइज़र से शौचालय जाने की आज्ञा माँगी। सुपरवाइज़र बड़ा ही

निर्मम था। वह किसी पर दया नहीं करता और न ही किसी से अच्छी तरह बात ही करता। कई बार पुरुषों से झगड़ा भी हो चुका है लेकिन उसके रवैए में कोई परिवर्तन नहीं आया। उस दिन भी इन्दिरा से कहा– ''कां उ गएं ब्रेक उ वा आले जब ब्रेक मिलेगा तब जाना। अभी काम का समय है, काम कीजिए।''

इन्दिरा बेचारी थकी–माँदी फिर कार्य करने लगी कि अचानक वहीं लुढ़क गई। हो–हल्ला मच गया। सुपरवाइज़र वहाँ से कुछ दूर चला गया। किसी भी तरह उसे अस्पताल पहुँचाया गया। उसे आई.सी.यू. में भरती किया गया। उसके घर पर सूचना दी गई। यश और परी उसे देखने आए लेकिन सुदेश ने कहा– ''ये मामूली–सा रोग है, ठीक हो जाएगा।'' वह नहीं गया। यश ने डॉक्टर से मुलाकात की। पहले तो डॉक्टर साहब हिचकिचाए फिर कहा– ''बेटा, मैं झूठ नहीं कहूँगा। तुम पुलिस कांस्टेबल हो और प्रौढ़ भी हो। तुम्हारी माँ का केस गम्भीर है। उसके सर की एक नस फट गई है जिससे सिर में खून फैल गया हैं अतः उसका ऑपरेशन भी नहीं हो सकता। उसकी हालत ऐसी नहीं है। सो, धीरज धारण कीजिए।''

यश ने सभी को खबर दे दी। अपनी नानी और मौसा–मौसी को भी नहीं छोड़ा। नानी यानि दुखिया मौसी जाना तो नहीं चाहती थी लेकिन उसकी अपनी बेटी को कैसे छोड़ सकती थी? ठीक यही हाल कविता का भी था। सगी बहन के साथ भले झगड़ा आदि हो गया था पर ऐसी स्थिति में वह कैसे अपनी उपस्थिति दे? वह धीरज धारण कर विनोद के साथ अस्पताल पहुँच गई। उसकी माँ वहीं पर थी। यश ने मौसी–मौसा को देखते ही क्षमा–याचना की। विनोद ने उसके कंधे को थपथपा दिया। आज भी सुदेश नहीं आया था। सभी लोगों को आभास हो गया कि सुदेश केवल ज़मीन–घर–सम्पत्ति लेना चाहता है। उसे किसी और से लगाव नहीं है। सभी लोग उससे ऊब चुके थे। सात दिनों तक इन्दिरा कॉमा में थी। स्वास्थ्य में किसी प्रकार का सुधार हो रहा था। आठवें दिन जब सारे यंत्र निकाल दिए गए तो इन्दिरा की सांसें रुक गईं।

गाँव के सभी लोगों ने रोते–पीटते अंतिम संस्कार की विधियों को सम्पन्न किया। उसी दिन सभी लोग अपने घर वापस चले गए। यश को लगा कि उसके पिता के कारण वे अकेले पड़ गए हैं। एक आदमी के कारण सारा परिवार बिखर गया। रिश्ते बड़े कोमल धागे की तरह होते हैं। एक बार टूट जाने पर गांठ पड़ जाती हैं। कभी तो जुड़ भी नहीं पाते हैं।

■■■

अपराधी कौन

ऋषि अपने गाँव ही नहीं बल्कि पूरे देश का एक होनहार और प्रसिद्ध व्यक्ति बन चुका था। सामाजिक कार्यों को करने में वह दिलचस्पी लेता था और बड़े ही अनुशासित ढंग से निपटाता था। धार्मिक गतिविधियों में भी अपना नाम कमा चुका था। कई संस्थाओं से नाता जुड़ा हुआ था। इसलिए वह कहीं प्रधानमंत्री, तो कहीं सलाहकार और कोषाध्यक्ष के अलावा सदस्य भी था। पेशे से तो वह अध्यापक था और बड़े ही परिश्रमी शिक्षक था। यहाँ तक कि सायंकालिक और सप्ताहांत की पाठशालाओं को भी चलाता था। ऐसा कहा जा सकता है कि समय नाम की वस्तु उसके पास कभी नहीं होती थी। शिक्षा देते समय वह इतना सख़्त हो जाता था कि कभी उसका हाथ भी चल जाता था। कई बार तो 'कोपोरल पनिशमेंट' के तहत 'वॉर्निंग' भी मिल चुकी थी। फिर भी वह अपने आप में परिवर्तन नहीं कर सका।

वह पास के गाँव की पाठशाला ही में काम करता था। बच्चों की प्रगति के लिए स्कूल में सवेरे ही आ जाता था। आठ और सवा आठ के बीच वह कक्षा ले लेता था। सभी परिवार व अभिभावक बड़े प्रसन्न थे। उन्हें बच्चों से तो छुटकारा मिलता ही था, साथ में बिना शुल्क चुकाए अतिरिक्त ट्यूशन प्राप्त हो जाती थी। पर हमेशा की तरह कोई व्यक्ति तो होता है जो अच्छे काम में अड़चन पैदा ही कर देता है। ऋषि के साथ भी ऐसा ही हुआ। गाँव वालों की नजर में ऋषि का मान–आदर ज़्यादा होने लगा जिससे विनोद को जलन पैदा होने लगी। उसने अपने खलनायक का रोल अदा किया। गाँव में यह बात फैला दी कि ऋषि सुबह को छात्रों के साथ काम कम और खिलवाड़ ज़्यादा करता है। लड़कियों के शरीर को स्पर्श करना और अन्य खेल–खेल ही में करने की आदी हो चुका है। गाँव में यह बात फैल गई। देखते ही देखते वह गाँव में बदनाम हो गया। बात यहाँ तक पहुँची कि मंत्रालय से फैक्स मिला कि ऋषि का तुरंत तबादला 'इमिडिएट ट्रांसफर'

हो। ऐसा हुआ भी। उसे गाँव से और दूर भेज दिया गया। ऋषि को तबादले से दुःख नहीं हुआ जितना कि बदनामी से। स्कूल छोड़ने से पहले उसने विनोद से इतना जरूर कहा– "तुमने जो किया अच्छा नहीं किया। तुम भी मेरी तरह मुझसे ज़्यादा अपमानित होकर इस गाँव से निकलोगे। ऐसा नहीं हुआ तो मैं चैन की सांस नहीं लूंगा क्योंकि तुमने एक निर्दोष को दोषी ठहराया है।"

ऋषि अन्दर से थोड़ा टूट तो गया लेकिन पिछले जीवन के अनुभव ने उसे सांत्वना और भावी जीवन जीने का साहस भी दिया। कहते हैं, अनुभव आदमी को जीना सिखा देता है। ऋषि को एक दूसरे स्कूल में काम करने के लिए भेजा गया। हमेशा की तरह वह अपने कार्य को ईमानदारी से करने लगा। सौभाग्य से इसी बीच उसे पदोन्नति मिल गई। उसने लगभग सैंतीस साल कार्य कर दिया था। अनुभवी अध्यापक होने के साथ–साथ वह आज तक अनुसंधान करता ही रहता है। हर प्रकार की पुस्तकें पढ़ता था और उसे अपने कार्य में लागू भी करता था। डेढ़ सालों तक उसने बहुत बढ़िया कार्य किया। परीक्षाफल में भी वृद्धि हुई। वह गाँव की आँखों का तारा बन गया। मुख्याध्यापक से लेकर छात्र एवं अभिभावक भी उन्हें पसंद करते थे। आदर्श शिक्षक का वह उदाहरण ही बन गया था।

दूसरे साल समाप्त होते ही कई अध्यापकों के तबादले हुए। उन की पूर्ति में विनोद का भी नाम आया। विनोद उसी गाँव में रहता था और उसी की चुगली की आदत थी। हालांकि वह एक पुरुष था फ़िर भी उसकी आदत चुगलखोर स्त्रियों जैसी थी। कहते हैं कि स्त्रियाँ परनिन्दा करने में माहिर होती हैं, पर विनोद उनसे कहीं ज़्यादा गया–गुजरा था। वह ऋषि के स्कूल में आ गया। पहले–पहल तो ऐसा जताया कि विनोद ऋषि का बड़ा मित्र है और उनकी जान–पहचान बहुत दिनों से है। सामने तो हँसकर बात करता था पर अन्दर कितना ज़हर भरा था किसी को भनक तक नहीं हुई। ऋषि ने भी समझ लिया कि विनोद पुरानी बातों को भूल गया है। वह उससे घुल–मिल गया और ख़ाली समय में एक–दूसरे से बात करते रहते। हमेशा ध्यान में रखना चाहिए कि तकरार के बाद आदमी पुनः जुड़ता है तो डोरी की गांठ की तरह होता है। या तो ज़्यादा दुश्मनी रखता है या मौके की ताक में रहता है। ज्यों ही हाथ लगता, वह दबोच लेता है।

आदत के अनुसार ऋषि आठ–सवा आठ तक छात्रों की सहायता हेतु उपस्थित हो जाता था। विनोद की जलन को हवा मिल गई। उसकी बदले की भावना प्रगाढ़ होती गई। एक सुबह एक स्त्री अपनी छठी कक्षा की लड़की को लेकर दफ्तर में प्रस्तुत हुई। बैठने के बाद मुख्याध्यापक ने कारण पूछा। उत्तर यही आया कि उसके पैलगू अध्यापक ने उसकी बेटी के गुप्त स्थान को हाथ

लगाया है। उसके बोलने के ढंग से मुख्याध्यापक के पैरों तले से ज़मीन खिसक गई। ''ऐसा कैसे हो सकता है?'' उसे विश्वास नहीं हो रहा था। उसके मन में कई प्रकार के प्रश्न उठ रहे थे। उसे समझ में नहीं आ रहा था कि क्या करे? उसने दो पल के लिए बाहर निकलकर चपरासी से कहा कि ऋषि को अभी स्कूल में प्रवेश न करवाएं। उनसे कह दें कि एक समस्या है, बाद में आए।' वापस आकर उसने मोहिनी को समझाया और उसके चरित्र तथा पिछले अनुभव के बारे में भी बताया। मोहिनी महिला तो थी ही और उसे कूटनीति भी आती थी। किसी भी तरह मोहिनी समझ गई। वह निकल कर जा ही रही थी कि विनोद से मुलाकात हो गई। विनोद को उस मक्खी की तरह था जो घाव की तलाश में थी। उसने कुरेद–कुरेद कर सारी बातें निकालीं। विनोद को पता था कि मोहिनी शादी के कुछ ही दिनों बाद छुटी हुई औरत थी। गरीबी तो थी ही, चरित्र से भी बिगड़ी हुई थी। पैसे के लिए वह कुछ भी कर सकती थी। विनोद ने सोचा कि ऐसा मौका उसे फिर नहीं मिलेगा। उसने उसे इतना उकसाया और सलाह दी कि वह भड़क गई। ग्यारह बजे मोहिनी फिर पाठशाला में उपस्थित हो गई। इस बार उसने दो–तीन लोगों को भी साथ ले लिया था। आते ही सिखाए हुए पाठ का बखान करने लगी। उसने पुलिस तक जाने की बात कही। समझाते–समझाते जब नहीं समझना चाहती थी तो मुख्य अध्यापक ने ऋषि को बुला दिया। बुलाने की देर थी कि सारे लोग उन पर बरस पड़े। बात के साथ अब वे हाथापाई भी करना चाहते थे। कुछ लोगों ने ऋषि को अन्दर कर दिया। विनोद पहली मंजिल से सारा तमाशा देख रहा था। अन्दर ही अन्दर वह फूले नहीं समा रहा था। ऋषि किसी से कैसे सफाई दे, उसे समझ में नहीं आ रहा था। परिवार की टोली स्कूल से निकलना ही नहीं चाहती थी तो मुख्य अध्यापक ने पुलिस को फोन किया।

लगभग बारह बजे तक ऋषि पुलिस की हिरासत में चला गया। उसके घरवालों को इसकी जानकारी दी गई। सभी लोगों को अपने कानों पर विश्वास नहीं हो रहा था। विशेष रूप से ऋषि की पत्नी रीना ने इस बात को सुन कर अपना होश खो दिया। आज तक उसके परिवार या गृहस्थी में कोई ऐसी घटना नहीं घटी थी। उसे विश्वास नहीं हो रहा था। फिर भी, सच्चाई क्या है उसे पता नहीं था। उसने अपने देव को फोन किया। वह एक पुलिस कांस्टेबल था। सौभाग्य से जहाँ ऋषि को रखा गया था वह वहीं कार्यरत था। उसने जानकारी प्राप्त कर दूसरे भाई को फोन किया जो पुलिस एजेंट के पद पर आसीन था। दोनों ने मिलकर वकील आदि देखा। ऋषि का हाल एकदम बुरा हो गया। उसके सामने जैसे अँधेरे कमरे में चलचित्र चलने लगा था। वह अपनी इज़्ज़त, काम, परिवार,

समाज... सभी के बारे में सोच रहा था। वह याद करना चाहता था कि कहाँ और कैसे गलती हो गई। उसकी जानकारी में कुछ याद ही नहीं आ रहा था। सारी कोशिशों के बावजूद भी ऋषि को तीन दिनों तक हिरासत में ही रहना होगा।

विनोद को जैसे बधावा बज गया। वह उस परिवार के घर जाता और उकसाता रहा। इधर, झूठी सांत्वना बँधाने के लिए ऋषि के घर भी आता। उसकी पत्नी रीना से खूब मीठी–मीठी बातें करता। ऋषि का बड़ा बेटा विराट समझ रहा था। उसे लगा कि दाल में काला है। उसने बिना देर किए विनोद से कह दिया– "देखिए विनोद के साथ जो हुआ सो हुआ। हम नहीं चाहते कि इस संबंध में कोई बात हो।"

"अरे हमें क्या! आप लोग नहीं चाहते हैं तो कोई बात नहीं। मैं तो सिर्फ आपको साहस देने आया था। हमारा क्या...?" इतना बोलकर विनोद निकल गया। उसके दिल में खुशियों की लहर बह रही थी। वह सोचता था कि वह अपने मक़सद में पहली कामयाबी हासिल कर रहा है।

विराट ने अपनी पत्नी वीमी और माँ को समझाया कि कोई भी इस विषय पर बात करने आए तो उसे तुरंत चुप करा दें, क्योंकि अभी जितने मुँह होंगे उतनी ही बातें भी होंगी। मैं नहीं चाहता कि अंट–संट बातों से गलत–सलत विचार फैले और बाद में केस में समस्या हो जाए। आखिर तीन लम्बी रातें गुजारने के बाद ऋषि अपने घर वापस आया। विराट और वीमी ने उसका हौसला बढ़ाया। उन्होंने उन्हें बराबर प्यार दिया। वे पढ़े–लिखे थे और ऐसी स्थिति में क्या करना है, अच्छी तरह जानते थे। लेकिन रीना को ये बातें पचती नहीं थीं। पहले भी ऐसी बातें ऋषि के बारे में सुन चुकी थी और अब एक बार फिर ऐसी बातें सामने आ गईं। वह सीधे मुँह बात नहीं कर रही थी। उसे लगा कि यहाँ रहने से उसके परिवार में असंतुलन आ जाएगा। उसका मायका पास ही था वह ऋषि से बोलकर घर छोड़कर चली गई। ऋषि पहले से टूट तो गया था। मगर इस घटना से वह और भी बिखर गया। वीमी और विराट अपने पिता की स्थिति को अच्छी तरह समझते थे। वे नहीं चाहते थे कि उसकी स्थिति और बिगड़ जाए। वे उनका साथ देते रहे। यहाँ तक कि वीमी ने अपनी सास को भी समझाया।

"माँ अभी पिताजी को दोषी मत ठहराएँ पता नहीं क्या है।"

"देखो वीमी बेटी! मैं अपने आपको सँभाल नहीं पाऊँगी। अभी मैं नहीं आ पाऊँगी। बाद में देखा जाएगा। तुम लोग उनका ख़याल रखना।" इतना बोलकर वह घर आने से इनकार कर गई।

ऋषि घर पर अपने बेटे और बहू साथ निरुत्साह होकर जीने लगा। वह घर

से बाहर निकलना नहीं चाहता था। स्कूल के परिवार के विरोध प्रकट करने पर उसका स्कूल भी बदला गया। अब वह गाँव से काफी दूर एक दूसरी पाठशाला में काम करने चला गया। किसी को कुछ खबर न होने पर उसका स्वागत किया गया। आदतानुसार वह काम करने लगा। इन्हीं दिनों में कानूनी सलाहकारों के अनुसार पूरे भत्ते प्राप्त करने तक की अवधि पूर्ण हो जाने के कारण पूर्ण अवकाश ग्रहण करने की सलाह मिली। ऋषि ने तुरन्त अपनी रिटायरमेंट का पत्र भेजा। मंत्रालय में खोजबीन करने लगे। तभी उन लोगों को उन परिवारों का पत्र भी प्राप्त हो गया। अवकाश संबंधी कार्य वहीं रुक गया बल्कि मंत्रालय तुरंत एक फ़ैक्स निकाला गया कि ऋषि को 'इंटरडीक्टड' किया जा रहा है। वह दफ्तर में पत्र लेते ही तिलंमिला गया। मुँह से कुछ न बोल पाया। हारे हुए जुआरी की तरह उसने अपना बस्ता लिया और साथ में घर का रास्ता भी लिया। उस दिन वह पूरा दिन घर ही पर रहा। उसे सूझ नहीं रहा था कि क्या करें और क्या न करे। रात्रि में जैसे आँखों पर तारे उतर चुके थे। सुबह को एक मित्र उसके पास आया। औपचारिकता निभाते हुए परिस्थिति का निर्माण किया। बात–बात में पता चला कि जिस परिवार ने ऋषि को दोषी ठहराया है वह उसकी पत्नी की चचेरी बहन है, लेकिन बप्पा रे! वह ताड़का से कम नहीं। गाँव के सारे लोग उससे डरते हैं। यही नहीं, पैसे के लिए वह कुछ भी करने के लिए तैयार है। फिर भी उससे बनता है।

रुशील ने पहले तो सलाह दी कि एक ही रास्ता है, पहले उससे बात कर के देखना है, यदि वह केस निकाल दे। पं. रुशील अपने मित्र ऋषि के लिए इतना करने के लिए तैयार है। उसने भरोसा देते हुए कहा– ''ऋषि, तुम चिन्ता मत करो। मैं अपनी पूरी ईमानदारी से यह कार्य करूँगा। मुझे पता है, तुमने मेरे दोनों बच्चों को पढ़ाया है। आज दोनों अच्छी नौकरी पर है। यदि मैं तुम्हारे लिए यह भी न कर पाऊँ तो किस काम का मित्र?''

ऋषि को जान में जान आ गई। अँधेरी रात में जैसे उजाले की एक छोटी सी किरण सामने आई। वह अपने आप को सांत्वना देने लगा। उसे लगा कि दुःख की घड़ी में साथ देने कोई तो सज्जन है। ऋषि के बेटे और बहू ने भी कदम–कदम पर साथ देने का जैसे वादा कर लिया है।

एक रोज़ बाद ही पं. रुशील को एक पूजा करवाने का आमंत्रण प्राप्त हुआ। पूजा उसी परिवार के पड़ोस में थी। उसने सोच लिया कि वह मोहिनी से बात करके ऋषि के केस को निकलवायेगा। यदि उसे थोड़ा पैसा भी देना पड़े तो कोई बात नहीं। पूजा के बाद पंडित जी ने मोहिनी को बुलाया। सौभाग्य की बात थी कि

वह पूजा में आई हुई थी और उस समय का वातावरण भी उचित था। बड़ी ही उदारता पूर्वक पंडित जी ने अपनी बात शुरू की'' मोहिनी बेटी, तुम बहुत अच्छी और आज्ञाकारी महिला हो। अक्सर मैंने देखा है कि मेरी कही हुई बातों को सुनती हो और अमल भी करती हो।''

''आप की बात मैं कैसे टाल सकती हूँ? आप तो हमारे परिवार और स्वयं मेरे लिए आदर्श हैं। आप जो बोलेंगे मैं सुनूंगी।'' मोहिनी ने बड़ी ही नम्रतापूर्वक बात कही। आज यह दिखाई देता है कि हमारे समाज में पुरोहितों–पंडितों को कितना मान–आदर दिया जाता है। पं. रुशील प्रसन्न हो गया। उसे ऐसा लगता था कि अगर ऋषि का काम बन गया तो एक परिवार का घर एवं जीवन सँभल जाएगा। मोहिनी सोच रही थी कि पंडित जी क्या पूछेंगे। वह सकपका–सी गई। क्या पूछेंगे। क्या जवाब देगी...? वह निडर तो थी लेकिन पढ़ीलिखी न होने के कारण जो मुँह में आता है बक देती है या जो भी कुछ कहे वह सुन लेती है। सिर्फ सुनती ही नहीं, वह रामबाण समझकर अमल भी करने लगती है। वह छह–पाँच कर ही रही थी कि पंडित जी ने उसकी चेतना को झकझोर दिया।

''मोहिनी, तुमने जो किया अच्छा नहीं किया।''

''क्या किया पंडित जी? मैंने क्या गलत किया?''

''उस अच्छे इंसाल पर लांछन लगा दिया। क्या यह अच्छा काम है?''

''लांछन? नहीं, मैंने लांछन नहीं लगाया, उसने ऐसा किया है।''

''ईमान–धरम से कहो, क्या तुम्हारी बेटी ने इस बारे में कुछ कहा...? क्या उसने बताया कि अध्यापक ने अश्लील हरकत की है?''

''नहीं, ऐसा तो नहीं कहा, लेकिन वहाँ के अध्यापक ने मुझे कहा। उन्होंने तो यह भी कहा कि ऐसे तो मुँह–माँगे रकम भी मिल सकती है।''

''और तुमने ऐसा कर दिया। तनिक सोचा भी नहीं, रीना का क्या होगा? उस अध्यापक की इज्जत, उसका जीवन, उसका परिवार, उसके बच्चे का क्या होगा? तुमने सोचा है कि तुमने कितना बड़ा पाप किया? तुम तो उसके पूरे परिवार और कई पीढ़ियों के पाप को अपने सिर पर ले रही हो।''

''नहीं! मैं इतने पाप अपने सिर पर नहीं लूँगी, उस नतिया के बेटा ने मुझे उकसा दिया। मैं पुलिस नहीं जाना चाहती थी, पर उसने मुझे प्रलोभन दिया। पैसों का लालच दिया। मैं भी उसके झांसे में आ पायी। उसी ने मुझे भड़का दिया. ..। मैं आज ही जाकर अपना बयान वापस ले लूँगी। केस वापस ले लूँगी।''

''बहुत अच्छा करोगी, मोहिनी। भगवान तुमको सही रास्ता बताए। तुम्हें साहस दे। तुम्हें साहस दे ताकि सच्चाई बोल सको।''

पंडित जी के वचन ने बड़ा ही काम कर दिया। मोहिनी तैयार हो गई। वह महाप्रसाद लेने के बाद पुलिस स्टेशन गई। उसने अपना केस वापस ले लिया। बात ऋषि तक पहुँच गई। वह पुलिस स्टेशन गया। उसने सारी जानकारियाँ लीं। परिवार की तरफ से छुटकारा तो मिल गया, लेकिन पुलिस की ओर से अभी केस का अंत नहीं हुआ है। समस्या लगभग वहीं की वहीं है। ऋषि काम नहीं कर सकता। गई हुई इज़्ज़त भी वापस नहीं आ सकता। सारा कुछ धरा का धरा रह गया। विराट और वीमी किसी भी तरह समझा–बुझाकर रीना को घर लाए।

रीना घर तो आ गई, पर ऋषि को उसकी उपस्थिति प्रभावित नहीं करती थी। वह दिन–प्रतिदिन सभी से कटता चला गया। वह इस प्रतीक्षा में था कि कब उसका केस सामने आएगा। उसने दिमाग में सोच लिया कि यदि कैद भी जाना पड़े तो अच्छा ही होगा। अब जैसे कुछ जीवन में बचा ही नहीं है। विराट अपनी पत्नी के साथ जब भी खाली बैठता तो यही सोचता कि आखिर अपराधी कौन है...?

■■■

गौमाता

रजनी की बेटी दृष्टि के पूरे शरीर में फुंसियाँ फैल गई थीं। पूरे शरीर में लालिमा–सी छाने लगी थी। वह न सो पा रही थी न ही स्कूल जा रही थी। भोजन लेने में भी जी नहीं लगता था। रजनी परेशान हो गई थी। दृष्टि के पिता प्रमोद ने भी कई लोगों से पूछा कि क्या बात है। सभी व्यक्तियों ने अपना–अपना विचार दिया। दवाएँ भी कई बताईं पर लाभ नहीं हुआ। अन्त में दृष्टि की दादी को इसकी सूचना मिली। वह रजनी के घर से कुछ दूरी पर रहती थी। शादी के एक सप्ताह बाद ही प्रमोद अपनी नई–नवेली दुल्हन के साथ नए घर में रहने आ गया था। तब से समय–समय पर ही वह अपने बेटे–बहू के पास आती थी। दृष्टि के जन्म के बाद वह कुछ अधिक आने लगी थी। दादा–दादी को अपने पोते–पोती बड़े प्यारे होते हैं। इस बार भी सूचना मिलने की देरी थी कि दादी दृष्टि को देखने आ गई। उसने दुकान से एक जूस और चॉकलेट भी ली।

वह रास्ते के किनारे से ही पुकारती प्रवेश करने लगी।'' रजनी, प्रमोद, दृष्टि! अरे कहाँ हो तुम लोग? कहाँ है मेरी बेटी... दृष्टि–दृष्टि'' वह पुकारती अन्दर पहुँच रही थी। आवाज़ सुनते ही रजनी जल्दी से बाहर निकली। ''आइए माँ... आइए।'' रजनी उसे अन्दर लाई। दादी चौखट पर पहुँचते ही बोली, ''अरी क्या हो गया मेरी गुड़िया को...'' पास जाकर...'' दृष्टि, क्या हुआ! आँखें धंस गई हैं। नीचे काले निशान भी पड़ गए हैं...।''

''देखिए न माँ, हमने दवाई आदि दे दी पर पूरे शरीर में छोटे–छोटे घाव जैसे हो गए है। खुजली के समान दृष्टि खुजला भी रही है। मुझे तो चिन्ता हो रही है।'' रजनी कुछ परेशानी से बोली।

ज़रा देखूँ तो बिटिया को क्या हुआ है?'' वह उसके शरीर को देखने लगी। और जोर से चिल्लाकर बोली– ''अरी रजनी, इतनी बड़ी हो गई घर कुछ नहीं जानती? इसे तो माता निकल आई है। इसके निवारण के लिए देवी को सिरनी चढ़ानी होगी।

''सिरनी'? ये क्या है, माँ? मुझे तो इसके बारे में पता ही नहीं।'' रजनी ने आश्चर्य प्रकट करते हुए कहा। भला आज की लड़कियों को इसके बारे में पता भी कैसे चले? पता चल भी जाए तो विश्वास कर पाएँगी...?

''अरी बहू! तुम कैसे जानोगी? देखो, यह एक बीमारी है 'माता' इसमें शुद्ध गाय के घी लगाने से बच्चे को राहत मिलेगी। फिर घर–आंगन–शरीर सभी की सफाई की अति आवश्यकता है। विशेष बात यह है कि तुम लोगों को किसी के यहाँ कुछ समय तक नहीं जाना है और दूसरों को भी घर में नहीं लाना है। और हाँ, सबसे आवश्यक है कि एक पवित्र जगह को साफ कर गाय के गोबर से लीपना होगा फिर सात देवियों की पूजा कर पान फूल कपूर जलाकर चना और चावल फुलाकर चढ़ाना होगा। अंत में 'छाक' गिराना होगा। अब तुम पूछोगी यह 'छाक' क्या होता है?'' दादी ने जोड़ा।

''हाँ... माँ... मैं पूछने ही वाली थी कि यह छाक क्या है। उत्सुकता से रजनी ने पूछा। ''छाक'' द इलायची और एलवंग को कूटकर पानी में डालते हैं और उस पानी को उस चढ़ावे के चारों और गिराना पड़ता है।'' दादी ऐसे समझा रही थी जैसे वह कोई अध्यापिका हो। ''एक बात और है, अभी मैं भूल जाती। हूँ, बूढ़ा होने की यही तो कमज़ोरी है, हम भूलते जाते हैं। हाँ, बिसाइन खाना एकदम मना है। नहीं तो ये फुंसियाँ फूटकर चकत्ते–चकत्ते का रूप ले लेंगी।'' बोलते'–बोलते वह सोच में पड़ गई।

''क्या हुआ माँ...! आप क्यों चुप हो गई? क्या सोचने लगी?'' रजनी ने अपनी सास को परेशान होते हुए देखकर पूछा।

''अब मैं सोच रही हूँ कि हमारे इस छोटे से कांतोरेल गाँव में पहले घर–घर में एक से ज़्यादा गायें पायी जाती थीं लेकिन आज तो मेरे देखने में किसी के यहाँ एक गाय नहीं। हमें कहाँ से दूध–घी और गोबर मिलेंगे...? हाय रे कृष्ण! कैसा कलयुग आ गया! इस चीजों के लिए तो तरसना हो गया है। ये चीज़ें कैसे मिलेंगी? न मिले तो यह पूजा कैसे होगी...?'' बोलते–बोलते दादी सोचने लगी।

तभी उसकी खामोशी को तोड़ते हुए दृष्टि ने पुकार कर कहा– ''दादी! दादी...! क्या हुआ... मैंने फिल्मों में गाय देखी है। वन बिहार के समय 'सालाजी' फॉम में भी सैकड़ों गायें देखी हैं। बहुत बड़ी होती हैं। वे ही दूध देती है न...?''

''हाँ–हाँ... केवल दूध नहीं, उन्हीं से तो पनीर, दही, छाछ और भी कई चीज़ें मिलती है।'' रजनी ने जोड़ा।

दादी सोच ही रही थी तभी उसने कहा– ''हमें कहीं से भी थोड़ा गोबर और

दूध तथा घी लाना होगा। बहू रजनी! जरा प्रमोद को फोन कर दो और कहो कि घर लौटते समय 'सालाजी' या 'नूवेल दे कुवेते' से ये चीज़ें लेते आए... आज ही शाम को हम पूजा कर देंगे। दो–तीन दिनों में ही हमारी बिटिया ठीक होकर स्कूल जाने लगेगी।''

''हाँ दादी, अब मैं घर में बोर होने लगी हूँ...। मेरी सहेलियाँ मुझे फोन करती हैं। एस.एम.एस. करती हैं कि जल्दी पाठशाला आओ।''

''चिन्ता मत करो मेरी बेटी! तुम जल्दी ही ठीक हो जाओगी और अपने मित्रों के साथ स्कूल भी जाओगी।'' दादी ने सांत्वना देते हुए दृष्टि से कहा। शाम होने पर दादी अकेली बैठी थी तभी उसके दिमाग में एक बात आई। वह उसे कार्य रूप देना चाहती थी। वह इच्छा इतनी तीव्र हुई कि बिना क्रियात्मक रूप दिए वह शांति नहीं महसूस कर रही थी। जब सभी लोग घर पर आ गए दादी ने सिरनी चढ़ाई और रजनी को भी बताया कि यह पूजा कैसे होती है। फिर आस–पड़ोस में कुछ प्रसाद के रूप में बांट भी दिया। रजनी पूर्ण रूप से इस पूजा से संतुष्ट नहीं थी। उसका विचार था कि डॉक्टर भी इसे नहीं मानते। कहीं यह दकियानूसी विचार तो नहीं? कहीं बच्चे को ज़्यादा हानि तो नहीं हो जाएगी...? रजनी आधुनिक समय और नयी पीढ़ी की नारी थी। वह तो आज के विज्ञान के युग से परिचित थी। फिर भी, वह अपनी सास को निराश नहीं करना चाहती थी। प्रमोद भी उतना प्रसन्न नहीं था लेकिन माँ की बात मान लेने में कोई हर्ज नहीं समझता था। उसने सदा अपनी माँ की बात मानी है और वह अपनी परम्परा एवं संस्कृति को किसी भी रूप में ज़िन्दा रखना चाहता था। बचपन से उसने बैठका में पढ़ाई की है इसीलिए उसमें यह आदत बन गई है। हिंदू संस्कृति के प्रति थोड़ा कट्टर भी हो गया है। दृष्टि भी मनोवैज्ञानिक रूप से अपने आपको थोड़ा स्वस्थ महसूस करने लगी। शायद गाय का घी मलने से प्रतिक्रिया हुई होगी। कुल मिलाकर पूरे परिवार ने चैन की सांस ली।

शाम को लगभग सात बजे सभी को सात्विक भोजन परोसा गया। यही समय होता है, जब पूरा परिवार जुटता है और दिनभर के कार्यों की चर्चा करते हुए आराम से भोजन करता है। दादी के मन में जो बात थी उसने लोगों के सामने रखा।

''जानते हो प्रमोद बेटा! मैं सोच रही थी कि मैंने अपने भत्ते को जमा करते हुए काफी रकम बना ली है। इस उम्र में मुझे तो पैसे नहीं चाहिए। तुम लोग भी काम करते हो। सभी के पास सब कुछ हैं। मैं इससे एक ऐसा काम करना चाहती हूँ जिससे पूरे परिवार के साथ गाँव का भी कल्याण हो जाए।

"यह तो बड़ी उत्तम इच्छा है। बढ़िया विचार है, पर आप करना क्या चाहती हैं?" प्रमोद ने उत्सुकता जताते हुए कहा।

""देखो प्रमोद बेटे! एक समय में हर घर में गाय होती थी। गाय से ही इस गाँव में बरकत हुई है। शादी–ब्याह, ज़मीन की खरीदारी, बच्चों की पढ़ाई और सबसे बड़ी बात है कि हमारा स्वास्थ्य इसी से बना रहा। इसलिए मैं सोच रही हूँ कि एक गाय खरीदने के लिए मैं कुछ पैसे दूँगी। वह गाय हमारी नहीं होगी, पूरे गाँव की होगी। हम एक 'गाभिन' गाय खरीदेंगे ताकि कुछ ही दिनों में दूध देने लगेगी।"

"विचार तो अच्छा है माँ! मैं भी थोड़ा पैसा लगा सकता हूँ।" पीछे से रजनी ने भी यही बात जोड़ी। दृष्टि ने भी कहा– "दादी, मैं भी कुछ पैसे दूँगी।" बात गाँव में फैल गई। सभी घरों से कुछ न कुछ मिलने लगा। बीच गाँव में शिवालय के पास एक टुकड़ा ज़मीन खाली पड़ी थी। उसमें इतने वारिस थे कि कभी उसको बांटा ही नहीं जा सकता था। गाँववालों ने एक छोटी सी गौशाला बना दी। 50,000 प्राप्त हो चुके थे। सभी से कह दिया गया था कि एक अच्छी गर्भवती गाय ढूँढ़े। आखिर में लेसपेरांस गाँव से एक अच्छी गाय मिल ही गई। लोगों ने उसे ख़रीद लिया। प्रथम बार गौशाला में लाकर उसकी पूजा की गई। मंदिर के पुजारी बाबा ने कहा कि "यह गाय पूरे गाँव की है। इसके गोबर, दूध आदि का सदुपयोग होगा। जो भी चाहे थोड़ी घास ला दे, जो भी इसकी सेवा करना चाहे व पानी पिला सकता है। साफ–सुथरा कर सकता है। "सभी ने इस कार्य को अपना कर्त्तव्य समझ लिया। गाय तो इतनी प्यारी हो गई कि वह केवल रात्रि में अकेली रहती थी। दिन में वृद्ध और वृद्धा लोग, शाम को महिलाएँ और जब भी कोई अपनी गाड़ी लिए खेत की ओर से लौटता, घास लिए आता। किसी भी प्रकार की समस्या नहीं होती थी।

अब गाँव में जो भी बीमार पड़ता, 'गोबर, दूध, घी, आदि प्राप्त हो जाते। बच्चे उससे खेलते। वे इंतज़ार करते रहते कि कब वह रँभाएगी। कितने ही बच्चों ने प्रथम बार अपने सामने गाय को देखा था। कुछ लोग डरते थे तो कुछ लोग उसे छूने का प्रयत्न करते थे। दिनभर उसके पास आदमियों का तांता लगा रहता था। कई लोगों ने उसको एक नाम भी दिया। किसी ने लक्ष्मी, कजरी, गौरी कहा लेकिन अंत में उसका नाम 'गौमाता' ही रह गया। सभी लोगों का मानना था कि गौमाता हमेशा से पूज्य है इसीलिए यही नाम सार्थक है। चूंकि 'गौमाता' शिवालय के पास थी, वह भी पूज्य हो गई थी। जो भी मंदिर में पूजा करने आता, एक नजर 'गौमाता' को जरूर देखता। उसकी भी पूजा होने लगी। बात यहाँ तक पहुँच गई कि सुबह को 'गौमाता' का चेहरा देखकर और आशीर्वाद लेकर कार्य पर जाएँ तो

शुभ होगा। इसीलिए बालक, युवा अधेड़ या वृद्ध ही क्यों न हो, वे 'गौमाता' के दर्शन के बाद ही बस लेते थे।

एक रोज़ दादी प्रमोद के पास आई थी। उसी समय रौतिया दादी भी आ गई। दोनों में खूब बनती थी। दोनों एक ही गाँव से एक ही सप्ताह के हेर–फेर में ब्याह कर आई थीं। तभी से इनकी दोस्ती प्रगाढ़ हो चुकी थी। आज भी वे एक–दूसरे से मिलकर ही रहती हैं। रौतिया दादी कहने लगी– "जानती हो गंगिया दीदी जब से 'गौमाता' इस गाँव में आई है, घर–घर में बरकत होने लगी है। किसी प्रकार का कष्ट नहीं नजर आता। छोटे बच्चों को तो देखते ही बनता है। परीक्षा या लघु परीक्षा से पहले सभी लोग गौमाता से आशीर्वाद जरूर लेते थे। 'गौमाता' भी लोगों से इतनी हिल–मिल गई है कि सभी को जैसे पहचानने लगी है।" बोलते–बोलते जैसे उसकी आँखों में आँसू भर आए। उसे याद हो गया कि वह अपने समय में कैसे गोपालन करती थी। वह हमेशा गंगिया से कहती थी कि गाय से बरकत ही बरकत होती है। कभी भी पैसे की कमी नहीं होती थी। कहीं भी घर में काग़ज़ उठाओ, बरतन उठाओ, उसके नीचे कुछ पैसे मिल ही जाते थे। वाह मेरी गौमाता...।

"ठीक कहती हो, रौतिया दीदी। गाय से प्राप्त थोड़े पैसे भी समाप्त होते–होते फिर मिल जाते थे। गाय की बदौलत ही हम यहाँ तक आ पहुँचे हैं।" गंगिया दादी ने भी अपने पुराने दिनों की याद की। इतनी बातें हो ही रही थीं कि प्रमोद और रंजना आ पहुँचे। वे भी बैठकर वहीं पर बातें करने लगे। प्रमोद कह रहा था "गौमाता ने एक बछिया को जन्म दे दिया। धीरे–धीरे और भी बछड़े–बछियाँ आएँगे फिर तो एक बड़ी गौशाला बनानी होगी।"

"सच कह रहे हो प्रमोद! अब तो ग्रामीण परियोजना की तहत एक फॉर्म बना सकते हैं। सरकार की ओर से भी मदद मिल सकती है।" रंजना ने उत्सुकतापूर्वक अपने विचार प्रस्तुत किये। दृष्टि दौड़कर अपनी दादी की गोद में चिपकती हुई बोली– "तो तब तो बड़ा मजा आएगा। बहुत सारी गायें होंगी। में...में की आवाज़ दूध फेनूस, खाद... घी...? आह हा...! "बोलते–बोलते जैसे उसके मुंह में पानी भर आया।

"बहुत अच्छा विचार है, बहू! मैंने तो कभी ऐसा सोचा ही नहीं था। नदी के पास तो सरकारी ज़मीन यों ही पड़ी है। अगर इस रूप में सरकार से भी माँग करेंगे और पूरे गाँव के लोग एकमत होकर माँग करेंगे तो ज़मीन जरूर प्राप्त हो जाएगी।" "हाँ माँ...! विचार बढ़िया है। आज ही मैं लोगों से मिलता हूँ और यदि सब ठीक हो तो पत्र लिख देंगे।" प्रमोद भी अपनी उत्सुकता प्रकट करते हुए माँ से कहा।

अच्छे कार्य में भला कौन रोक लगाता है? सभी ने हामी भरी। देखते ही देखते ज़मीन मिल गई बल्कि सरकारी सहायता भी मिलने लगी। ज़मीन सरकार द्वारा साफ की गई। एक लम्बी–सी गौशाला भी बनायी गई। बीच–बीच में दो छोटे तालाब भी बनाए गए। सरकार ने दो गायें और भी दीं। देखते ही देखते छोटे–बड़े दस तक गायें बछड़े–बछियाँ हो गए। अब तो जैसे एक बड़ी सी फॉर्म हो गई है। कार्य का व्यापक रूप देखते हुए अब उन्होंने सोचा कि इसे एक कम्पनी का रूप दें। कई बैठकें लगीं, सरकारी सलाहकार भी आए। उन्होंने यह भी आश्वासन दिया कि सरकार की ओर से कई सुविधाएँ मिल सकेंगी जैसे– पशुओं का चारा, पशु चिकित्सक, और भी कई तरह के पोषक तत्वों वाली दवा भी प्राप्त करवा देंगे।

सारी कोशिशों और सलाहों से प्रेरित होकर बात आगे बढ़ी। प्रमोद और अन्य लोगों की सहायता से एक छोटी लॉरी और फोर–बाय–फोर खरीदी। गाँव के एकाध जवानों को खोजा जो पढ़ाई में कमजोर थे या पढ़ने से उनके ईमान काँपते थे। एकाध स्त्रियाँ भी मिलीं जो गोपालन के कामों से परिचित थीं। अब तो गोपालन अब एक बड़ा व्यापार, या यों कहें कि उद्योग हो गया है। कारोबार चलने लगा। देखते–ही–देखते फॉर्म में छोटे–बड़े कारखाने बनने लगे। कहीं दूध को छानकर मलाई रहित बनाकर पैकेट में भरा जाता था तो कहीं पनीर बनाया जाता था। कहीं गैस बनायी जाती थी। वही गैस पूरे गाँव के लिए उपयोग होती थी। खाद का पूरे गाँव के खेतों में प्रयोग किया जाता था।

'गौमाता' की बदौलत पूरे गाँव के लोग जैसे आश्वस्त हो गए थे। उन्हें किसी भी चीज की कमी नहीं होती थीं। उनकी हर कमी की पूर्ति जैसे हो जाती थी। बच्चे से लेकर वृद्ध तक 'गौमाता' पर विश्वास करने लगे। वे सचमुच ही अपने जीवन की आध्यात्मिक वस्तु समझने लगे थे। पुजारी जी भी मंदिर के हर उत्सव में दूध पीने की सलाह देते रहते हैं। आज जहाँ हर जगह शराब, सिगरेट का बोलबाला है, वहाँ इस गाँव में दूध, दही, पनीर और लस्सी ने ले लिया है। देखकर कितने ही परिवार प्रसन्नचित्त हो जाते हैं, कि उनके बच्चों के शारीरिक और मानसिक विकास में 'गौमाता' का योगदान महत्वपूर्ण हो गया है। 'गौमाता' आज पूज्य है और भविष्य में भी पूज्य ही रहेगी। उसके प्रति आदर्श भावना पीढ़ी–दर–पीढ़ी स्थानांतरित होती जाएगी, ऐसी ही तमन्ना हर नागरिक की है।

■■■

अपनी पत्नी से पुनर्विवाह

राजन गाँव का होनहार व्यक्ति था। बहुत लोग उसका आदर भी करते थे। सरकारी नौकरी में तो था ही, अतिरिक्त समय में पुरोहिताई का कार्य भी करने लगा। कर्मकांड की जानकारी भरपूर रूप में तो नहीं थी फिर भी थोड़ा–बहुत सीखकर वह काम चलाऊ पंडित बन गया। वह सभी से नम्र स्वभाव से बातें करता था। सबसे बड़े मार्के की बात यह थी कि वह सिविल स्टेटस का इंस्पेक्टर था और सिविल मैरिज आदि करने में उसे कोई दिक्कत नहीं होती थी। कभी तो उसके मित्र ही पूछ बैठते– "अरे राजन! तुम पंडित कैसे बन गए?" राजन मुस्करा देता। "बस मेहनत की सीखा और बन गया पंडित!"

उसके जवाब से लोग लाजवाब हो जाते। एक रोज़ उसने अपने घनिष्ठ मित्र से बताया, "जानते हो रतन, मैंने स्वप्न में भी पंडित बनना नहीं चाहा था। एक रोज़ गीता ने मुझे जबरदस्ती नौ दिनों की दुर्गा पूजा में यज्ञमान बना दिया। हम दोनों रोज़ बैठते थे। उसी समय हमने देखा कि लोग पुरोहित को कितना मान–आदर देते हैं। यही नहीं, पांव–पूजन, आरती तथा पंचान आदि से इतने पैसे मिलते हैं कि क्या कहूँ? इन्हीं दृश्यों ने मुझे पुरोहित बनने की प्रेरणा दी। वरना मैं तो खाने–पीने वाला आदमी था।"

राजन की एक बात निराली थी। शायद भगवान ने उस पर मेहरबानी की थी। उसकी आवाज़ बहुत सुरीली थी। मंत्रोच्चारण तथा भजन–कीर्तन से लोग मुग्ध हो जाते थे। भले मंत्र एवं विधि में कभी जरूर हो लेकिन उसके हाव–भाव और गीत आदि से लुभा जाते थे। भाषा की दृष्टि से तो वह एकदम तीसरे दर्ज़े का था। कारण यह था कि उसने हिंदी भाषा की पढ़ाई नहीं की थी। अंग्रेज़ी अच्छी तरह आती थी। यहाँ तक कि भारत से एक डिग्री भी प्राप्त कर ली थी। शायद यही कारण भी था कि उसे हिंदी बोलचाल के रूप में आने लगी थी। पहले तो वह किसी पहुँचे हुए पुरोहित के साथ सीखता रहा और कुछ ही सप्ताहों में स्वयं कार्य

करने लगा। लोग उसे देखने लगे। राजन बेचारा क्या करता। वह जानता था कि कुछ कमजोर है इसलिए कम ही पैसे में कार्य कर देता था? कार्यकर्ता प्रसन्न हो जाता और वह कितने लोगों का पारिवारिक पुरोहित भी बन गया।

पुरोहित जी को मॉरीशस की परिपाटी के अनुसार एक मंदिर में कार्य करने के लिए भी जगह मिल गई। वह हर शाम–सवेरे गाँव से कुछ दूर मंदिर को सँभालने लगा। हर पर्व में अपनी उपस्थिति देता। कभी देर रात तक पूजा चलती रहती तो, सवारी न होने के कारण वहीं रह जाता। वीणा नाम की एक पैंतीस वर्षीया विधवा स्त्री उसकी खूब देखभाल करती। वह इतनी हिल–मिल गई कि पुरोहित जी का भोजन भी तैयार कर देती थी। कुर्ता आदि गन्दा हो जाए तो धो देने से वह हिचकिचाती नहीं थी। राजन को इतनी आसानी मिलने लगी कि वह अब देर से ही घर लौटने का प्रयास करता, कई बार तो लौटता भी नहीं। उसकी दोनों बेटियाँ... परी और नेहा फोन करतीं, पिता के बारे में पूछताछ करतीं। गीता इस पर उतना ध्यान नहीं देती थी। राजन के स्वभाव से वह थोड़ा परिचित–सी हो गई थी। उसके चरित्र से वह अनभिज्ञ न थी। राजन बहकाऊ स्वभाव का व्यक्ति था। हालांकि वह एक ग्रेजुएट था, फिर भी साधारण से साधारण लड़की या स्त्री कमज़ोरी बन जाती थी। परी की शादी निश्चित हो चुकी थी। सारी तैयारियाँ हो चुकी थीं। कुछ भी हो, राजन अपनी बेटियों को पैसे आदि देने से हिचकिचाता न था। शादी काफी धूमधाम से हो गई। गीता बिलावन स्वभाव की थी। उसके हाथ में सुबह पाँच सौ रुपए रखें तो शाम तक कुछ नहीं रहेगी। यही आदत नेहा पर भी पड़ गई थी। जब भी कुछ पैसों की आवश्यकता पड़ी कि वह रुआँसू होकर पिता को फोन करती और उसे पैसे लेने का आमंत्रण मिल जाता।

कहा जाता है कि जब जरूरत से ज़्यादा सहूलियत देने लग जाते हैं तो बच्चे सिर पर चढ़कर पेशाब करने लगते हैं यही हुआ भी। नेहा पिता से पैसे ऐंठती रही और पता नहीं क्या सोचकर अपने प्रेमी, जिसके साथ काम करने वाले दोस्तों में से सबसे करीब का मानती थी, उसी के साथ कनाडा के लिए रवाना हो गई। पिता से तो यह कहकर गई कि अब वह स्थायी रूप से वहीं रहेगी। बाद में अपनी बच्ची और पति को भी बुला लेगी। एक महीना बीत गया। दूसरे मास के प्रारम्भ में ही वह मॉरीशस लौट आई और पुनः कार्य में जुट गई। राजन के पूछने पर यही बताया "एक दो कागज ठीक करने हैं। फिर अबकी साथ जाएँगे।"

उधर, परी भी एच.एस.सी. के बाद विश्वविद्यालय जाने लगी थी। यूनिवर्सिटी क्या गई मानो वह आजाद पंछी हो गई। न घर से निकलने न वापस लौटने का समय था। हर सप्ताह नए 'ब्वॉयफ्रेंड' के साथ वह घूम और घर भी आती। पिता

तो घर में कम ही होते जिससे वह इस पर ब्रेक लगाते। माँ के बारे में क्या कहा जाए? जब से राजन की अनुपस्थिति का अनुभव किया उसने भी एक व्यक्ति से नाजायज़ रिश्ता जोड़ लिया। गाँव की स्त्रियाँ तो कहतीं "यह परिवार तितर–बितर होकर ही रहेगा।" परी शराब–सिगरेट और ड्रग्स भी लेने की आदत बना चुकी थी। माँ से पैसे ऐंठती, पिता से भी हर समय कुछ खरीदने के बहाने से रकम ऐंठ ही लेती। वह बिगड़ती गई पर इसे रोकने के लिए कोई लगाम लगाने वाला नहीं था। कह सकते हैं कि घर के सारे लोग अपनी–अपनी धुन में मग्न थे। कोई किसी के साथ खुलकर नहीं जीता था, न ही एक–दूसरे से संवाद ही करते थे।

राजन वीणा से साथ अपना रिश्ता प्रगाढ़ करता गया और बात यहाँ तक पहुँची कि वीणा घर तक आने लगी। इस हरकत से गीता तंग आ गई। उसने तलाक़ की माँग की और राजन ने बड़ी आसानी से तालाकनामे पर हस्ताक्षर दे दिए। इसके बावजूद भी दोनों एक ही छत के नीचे रहते थे। वीणा भी सप्ताह में एक–दो बार पहुँच जाती। ऐश करती और दूसरे या तीसरे दिन लौट जाती। आश्चर्य की बात यह थी कि गीता ही वीणा से बात करती। हाहा–ही–ही करती बस स्टेंड तक छोड़ने जाती। उस पुरोहित के घर की हालत क्या कहें? हर कोई अपनी मर्ज़ी का मालिक था। अपनी–अपनी मनमानी करते थे।

एक शनिवार को खरमास के पक्ष में राजन घर ही पर था। उस रात उन्होंने एक पार्टी रखी। सभी लोगों ने उसमें भाग लिया। खान–पान, गाना–बजाना, नाचना खूब हुआ। किसी के साथ किसी प्रकार का बन्धन या सीमा न थी। नशे में धुत्त सभी लोग इधर–उधर लुढ़क जाते, किसी की जबान पर लगाम भी नहीं थी, सभी अंट–संट बके जा रहे थे। इसी बीच वीणा और गीता के बीच झडपें हो गईं। गीता ने कहा– "तुमने मेरे पति को फांस लिया है। राजन को मुझसे छीना है।"

"मैं क्यों छीनूं? तुमने उसे नहीं सँभाला। मेरे पास आया। मैंने उसे प्यार दिया, इससे ज़्यादा कुछ नहीं।"

"तो अब छोड़ दो। तुम्हारा चाल–चलन ठीक नहीं।" सभी लोग बात करते हैं। पुरोहिताई की हँसी उड़ाते हैं।"

"मुझे किसी की परवाह नहीं। मैं अब राजन की हो चुकी हूँ। तुम मेरे जीवन में दख़ल मत दो। नहीं तो बुरा होगा।" वीणा ने बड़े गर्व से कहा। गीता से रहा नहीं गया। उसने वीणा को एक थप्पड़ जड़ दिया। बस, हंगामा हो गया। रोना–धोना शुरू हुआ और बात यहाँ तक पहुँची कि राजन आग–बबूला हो गया। उसने वीणा से कहा– "निकलो... अभी ही इस घर से निकलो। मैं नहीं चाहता कि तुम गीता से इस तरह की बात करो।" हाथ खींचकर उसे बाहर निकालने लगा। गीता ने भी

धकेलते हुए ख़राब गालियों के साथ जाने का रास्ता बताया। इसके बाद कौन कहाँ पर लुढ़क गया, किसी को सुध तक नहीं।

सुबह आँख खुलने पर गीता बहुत प्रसन्न हुई कि राजन उसके पास लौट आया है। ऐसा लगा कि एक बार फिर उन दोनों के बीच में संबंध जुड़ गया था। कुछ दिनों तक दोनों साथ रहने लगे। खूब खाते–पीते मौज उड़ाते। ऐसा लग रहा था कि दोनों एक बार पुनः जवान हो गए। मोबाइल पर बात करना, किराए पर गाड़ी लेकर पूरे देश में सैर करना, बढ़िया से बढ़िया चीज खाना–पहनना, ओढ़ना आदि उनके लिए आम बात हो गई थी। लेकिन कहा गया है कि अति वर्जित है। वे दोनों ही अति को भी पार कर गए। गाँव वाले उनको देखकर तरह–तरह की बातें करते। "ये कितने बेशर्म हो गए हैं? माँ–बाप तो माँ–बाप, बच्चियाँ भी ऐसी ही हैं। एक तो छुट–छुटकर बस रही है और दूसरी, बिन ब्याही होने पर भी कितने लोगों से नाजायज संबंध रखती है। लोगों से पैसे ऐंठना तो उसका जैसे पेशा ही हो गया है।"

जिस मंदिर में राजन पुरोहिताई करता था वहाँ से रोक दिया गया। एक–दूसरे मंदिर में कार्य मिला। वह हमेशा की तरह कार्य जारी रखने लगा। इस बार उसने एक कीर्तन मंडली भी तैयार कर ली। जहाँ भी प्रवचन या कथा चलाता, मंडली को साथ लेकर ही जाता। मंडली में सारी नारियाँ ही हुआ करती थीं। सुभद्रा को सबसे ज़्यादा गाना आता है। वह कभी–कभी राजन के पास बैठकर विचार–विमर्श करती और भजन भी सीखती। कभी–कभी ज्योतिष दिखाने के कार्य से भी आती। कभी कोई बहाने से भी आ जाती। सुभद्रा के दिमाग में कुछ बातें चल रही थीं। उसके पति ने उसे त्याग दिया है। पूछताछ में वह जान चुकी कि राजन अब एक मास में रिटायर होने वाला है। अवकाश लेने पर काफी पैसे लम्पसम के रूप में मिल जाएँगे। उधर, गीता से भी तलाक़ ले चुका है। एक बेटी शादीशुदा है। दूसरी का ठिकाना नहीं। अर्थात ये सारी रकम सुभद्रा की हो सकती है। इस बात को ध्यान में रखकर जितना करीबी रिश्ता जोड़ सकती थी उसने राजन के साथ जोड़ लिया। रिश्ते को शहद से भी ज़्यादा मीठा बनाने के लिए हर हद को पार करने के लिए तैयार हो गई। राजन जैसे भूखा शेर हो उसे कई दिनों से भूखा रखा गया हो। ऐसी स्थिति में थोड़ा सा भी खाना सामने दिख जाए तो कितना प्रसन्न हो सकता है, ऐसी स्थिति वाले ही समझ सकते हैं। पुरुष की यही तो कमज़ोरी होती है। स्त्री की ओर से हर सुख मिल जाए तो वह सब कुछ, कुछ पल, दिन या सालों तक भूल जाता है। राजन भी जैसे पिछली बातों, हरकतों रिश्तों पर पर्दा डाल चुका। बात यहाँ तक पहुँची कि एक रोज़ रेस्टोरेंट में खाते समय सुभद्रा ने राजन

के हाथ को पकड़ते हुए कहा– ''राजन, अभी कुछ दिन हम कितने अजनबी थे और आज जैसे सात जन्मों से हम एक–दूसरे को जानते हैं। तुम मुझे चाहते हो न? तुम चाहते हो न कि हम दोनों साथ रहें?''

''क्यों नहीं? तुमसे जितनी ख़ुशी मिली है और किसी से नहीं मिली। तुम जो कहो तो मैं तुम्हारे लिए करने के लिए तैयार हूँ।''

''राजन, मैं क्या चाहूँ! एक स्त्री के लिए उसे साथ हमकदम बनके चलने वाला साथी मिल जाए तो यही बस है।''

''फिर भी, तुम्हारी कुछ चाहत तो होगी। इच्छाएँ तो होंगी...?''

''यदि तुम इतना ही मुझे चाहते हो तो बस मुझसे सिविल मैरिज कर लो। मैं सब कुछ करने के लिए तैयार हूँ। जीवन के अंत तक चलने के लिए तैयार हूँ।'' सुभद्रा ने मक्खन, मिर्च, मसाला लगाकर शहद से घोलकर कहा। राजन को जैसे अंधा क्या चाहे दो आँखें। उसे जैसे विश्व का सब सुख मिल गया।

राजन ने बिना देर किए हामी भर दी। दो–तीन दिनों बाद ही यह क्रिया हो चुकी। सुभद्रा ने इतना जोर लगाया कि अपनी ओर से दो मुखबिर भी तैयार कर लिये।

सब कुछ हो जाने के बाद गीता को पता चला। उसके पैरों तले से ज़मीन खिसक गई। उसे लगा कि उसने अपने पैरों पर खुद कुल्हाड़ी मार ली। शायद उसी ने राजन को दिखाने के लिए गलत रास्ता अपनाया। शायद वह सब नहीं दे पायी जो एक स्त्री को पुरुष को देना चाहिए। शायद जो बातें राजन को पसंद नहीं थीं वही उसने किया। तरह–तरह की बातों पर विचार करती। फिर, जैसे सूर्य की एक किरण दिखाई पड़ी। उसे लगा कि सब कुछ हो जाने के बाद भी सुभद्रा यहाँ कभी–कभी ही आती है। मौके से लाभ उठाकर उसने राजन को पुनः अपना प्यार देना चाहा। दोनों की उम्र काफी बढ़ चुकी थी। उन्हें तो एक–दूसरे का सहारा चाहिए था। उधर, सुभद्रा तब ही नजर आती जब किसी चीज की आवश्यकता हो। कभी–कभी तो फोन करने पर भी राजन से बात न करती या कोई बहाना बना देती। राजन एक बार फिर अपनी प्रथम ब्याही गीता की ओर आकृष्ट होने लगा। दोनों जैसे हारे हुए जुआरी हों। एक–दूसरे के करीब होने लगे। गिले–शिक़वे–शिकायतें रोते–धोते रहते। इतने में राजन रिटायर हो चुका था। सुभद्रा ने कानून के तहत काफी पैसे हड़प लिए। उसने पुनः राजन से तलाक़ की अर्ज़ी भेजी। राजन अब हर तरह से हार चुका था। यहाँ तक कि डॉक्टर ने यह भी रिपोर्ट दी कि उसे दिल की बीमारी हो चुकी है। जरा–से झटके से उसकी जान भी सकती है। उसने न आव देखा न ताव, बस, तलाक़ दे दिया।

गीता को बड़ी ख़ुशी का अनुभव हुआ। उसे लगा कि राजन अब पूर्ण रूप से लौट आया है। इस उम्र में उनको सिवा साथ के और कुछ नहीं चाहिए। अब जीवन में जवानी जैसी तृष्णा या लोभ भी नहीं रहा। जीवन में थपेड़े खाने के बाद जैसे दोनों के होश ठिकाने आ गए। अब उन्होंने अपनी बेटियों की चिंता भी छोड़ दी। हाँ, इतना जरूर था कि यदि किसी चीज की आवश्यकता पड़े तो वे दे देते। दोनों ने एक नए जीवन की शुरुआत की।

व्यक्तिगत स्तर तक तो ठीक था, मगर सामाजिक स्तर पर राजन पर थू–थू हो रही थी। सभी लोगों के दिमाग में यही बात कि आदमी इतना भी गिर सकता है। साधारण आदमी की बात तो कुछ और है मगर एक पंडित को ऐसा करना कहाँ तक शोभा देता है। उसने तो पुरोहित नाम को बदनाम कर दिया। ऐसी स्थिति में चुप्पी साध लेने के अलावा राजन के पास कोई चारा नहीं था। अब वह अकेलेपन में जीने का आदी हो चुका था। उसने देखा कि हर तरफ से उसकी हार हो चुकी है। बहुत सोच–समझकर उसने गीता से एक प्रस्ताव फिर से किया।

''गीता, तुमसे एक बहुत आवश्यक बात करनी है।''

''कौन सी बात...?''

''मैं तुमसे पुनः शादी करना चाहता हूँ।''

''शादी! इस उम्र में ...? यह तो जगहँसाई के सिवा और कुछ नहीं।''

''जग की परवाह मत करो। जो थोड़ी सी ज़िन्दगी बची है उसको बस साथ गुजार दें। अब मेरे जीवन का कोई ठिकाना नहीं।''

''ठीक है, जैसा चाहो...'' थोड़ा सोचकर गीता ने कहा। राजन ने सारा प्रबंध किया और एक बार फिर उसने गीता से सिविल मैरिज की। दोनों का साथ बहुत दिनों तक नहीं रहा। तीन सप्ताह बाद ही राजन को दिल की बीमारी हुई और उसे मौत से कोई बचा न पाया।

गीता अपनी बेटी के सहारे जीने लगी। वह उसे जीवन की जानकारी देती। उसका जीवन जैसे एक खुली पुस्तक था उसी में गोता लगा–लगाकर अनुभव छांटकर अपनी बेटी के साथ अन्यों को भी समझाती। शादी के पश्चात पुनर्विवाह की बात भी सोचती कि कैसे क्या हो गया? अच्छा हुआ या गलत...?

■■■

क्या यह भी कोई सज़ा है

रीति के पिता जी एक 'साइट' पर काम करते थे। उसमें एक सुन्दर कुतिया रहती थी। उसने पाँच पिल्लों को जन्म दिया था जो देखने में एकदम गुलगुले और प्यारे थे। उसमें से एक सफेद और काले रंग का पिल्ला इतना सुन्दर था कि कोई लोग लेना चाहते थे, लेकिन दिनेश ने उस पर अपना हक़ जमाया। उसी ने रात के समय देख–रेख करने के लिए उसकी माँ 'चीफिया' को पाला था। सभी मित्रों ने भी स्वीकार किया कि वह पिल्ला उसी को मिलना चाहिए। दिनेश उसे घर ले आया। रीति के लिए वह पिल्ला आँखों का तारा ही हो गया मानो उसका अपना सगा भाई हो। आजकल तो घरों में बच्चे भी कम होने लगे हैं। कहीं भाई हैं तो कहीं बहन, दोनों का इकट्‌ठे होना शायद ही मिल पाता है। इसीलिए शायद रीति भी अपना सारा प्यार उसी पर लुटाती। स्कूल जाने से पहले साफ–सुथरा कर खाना देती। शाम को भी उसकी देखभाल वही करती। पिल्ले का नामकरण भी उसी ने किया था। 'शेरू' नाम अपनी पाठ्‌य पुस्तक में पढ़ा था। इसीलिए उसका नाम शेरू ही रखा था।

शेरू भी घर में सबसे ज़्यादा रीति को ही चाहता था। किसी की मजाल थी कि कोई रीति को डांटे या मारे? शेरू अब थोड़ा बड़ा भी हो गया था। खाना भी खूब खाता था। रीति अपनी मिठाई के पैसे से थोड़ा बचाकर रखती और मास के अंत तक कुछ पैसे हो जाने पर वह 'हाइपर मार्केट' से कुछ न कुछ खाने के लिए ख़रीद लाती। भले ही वह अपने लिए कोई खाद्य नहीं ख़रीदती, लेकिन माता–पिता से अपने पैसे मिलाकर 'पोगों, वेजीग्री' या 'क्रोकेत' ज़रूर ख़रीदवाती। शेरू भी बड़े चाव से खाता। परिवार का प्यार देखकर शेरू भी समझदार हो गया था। वह घर की रक्षा ऐसे करता कि मक्खी भी पर न मार सके। दिनेश हमेशा कहता कि यदि यही काम किसी व्यक्ति से करवाते तो तीन–चार हज़ार रुपया जरूर देना पड़ता पर शेरू तो चौबीसों घंटे देखभाल करता है। सचमुच शेरू बड़ा प्यारा कुत्ता है।

एक रोज़ रीति के माता–पिता दोनों काम पर चले गए। रीति तैयार हो रही

थी। वह स्कूल जाने से पहले उसे बांधने ही वाली थी कि कुछ आवारा कुत्तों ने रास्ते पर शोर मचाया। शेरू से रहा नहीं गया। उसने न आव देखा न ताव, झट–से रास्ते पर निकल गया। भौंकता हुआ रास्ते पर दौड़ा। अभी वह फाटक पार ही किया था कि रीति को जोर से एक आवाज़ सुनाई दी। कांय–कांय की दर्दभरी आवाज़ शेरू की थी। रीति का दिल जोर से धड़कने लगा। पलभर में वह सोचने लगी कहीं शेरू तो नहीं? यदि वह है तो क्या हुआ? यदि ज़्यादा चोट लग गई हो तो क्या करेगी...? तरह–तरह के विचार दिमाग में आने लगे। तभी रास्ते से एक आवाज़ आई... "रीति... ओ रीति... जल्दी आओ...।"

"जी अभी आती हूँ।" बिना विलम्ब किए रीति दौड़ती हुई रास्ते पर चली। काफी लोग जमा हो चुके थे। उसकी धड़कनें तेज होने लगीं। उसने भीड़ को चीरते हुए देखा तो उसके पैरों तले से ज़मीन फिसल गई। उसका शेरू सांसें भर रहा था। लहू से लथपथ था। रीति जोर से रोने लगी। पड़ोसियों ने उसकी हिम्मत बढ़ाई। किसी भी तरह सँभाला। लोगों ने शेरू को रास्ते के किनारे कर दिया।

रीति सोच रही थी कि अब क्या करे। उसे इतना पता था कि शेरू को बचाना चाहिए, लेकिन वह अकेली है, उससे यह काम नहीं होगा। उसने सोचा कि उसे किनारे कर दिया गया है, अब घर में लाना होगा। वह रोती हुई 'शेरू–शेरू' पुकार रही थी। शेरू जैसे रीति की आवाज़ सुनने की प्रतीक्षा में था। आवाज़ सुनते ही उसने अपना दम तोड़ दिया। रीति और भी जोर से बिलख उठी। रमज़ान चाचा उसका पड़ोसी था। भले वह मुस्लिम था लेकिन पड़ोसी से मिलकर जीना कोई इनसे सीखे। उसने बिटिया को साहस दिया और कहा– "क्यों रो रही हो बिटिया? चिन्ता मत करो। मैं तुम्हारी सहायता करूँगा।"

सभी लोग धीरे–धीरे कुत्ते की मौत को मामूली समझकर हटते गए। रमज़ान चाचा ने कुत्ते की लाश को उठाने के लिए एक चादर की माँग की। रीति चादर लेने गई। वह अलमारी खोलकर चादर निकालने लगी कि एक भयानक और जोर की आवाज़ आई। उसे लगा कि कोई विस्फोट हुआ हो। चादर लेकर वह दौड़ती हुई आई घर से निकलते ही उसने देखा कि उसके फाटक के पास की दीवार गिर चुकी है। एक मोटर उसके आंगन में पहुँच गई है। उसने कुत्ते की लाश को कुचल तो दिया है, साथ में चाचा रमज़ान को भी रौंद डाला है। लोग चिल्लाते हुए हर दिशा से निकलने लगे। जितने मुँह उतनी बातें होने लगीं। कुछ लोग मोटर वाले पर हमला करना चाहते थे, कुछ गाली दे रहे थे, कुछ मोटर हटाकर चाचा की लाश को निकालना चाहते थे। लाश गाड़ी के नीचे दब चुकी थी।

गाड़ी में से एक सत्तर साल का वृद्ध उतरा। उसके हाथ पैर थर–थरा रहे थे।

न वह कुछ बोल पाता था न हीं वह खड़ा हो पाता था। वह कही और का नहीं बल्कि इसी गाँव का वृद्ध नन्दलाल महतो था। उस कार की 'ड्राइविंग सीट' पर उसका नाती बैठा काँप रहा था। आँखों से आंसू बह रहे थे। नाती 'लोवर सिक्स' का छात्र था। तीसरी अवधि में छात्र कम ही स्कूल जाते हैं इसलिए आजकल वह घर ही रह कर पुनरावृत्ति कर रहा था। सभी लोग यह भी पहचान गए कि एक तो नाबालिग है, ऊपर से उसके पास गाड़ी चलाने का लाइसेंस भी नहीं। हर रूप में लड़का फंस चुका था। उसकी समझ में कुछ नहीं आता था कि क्या करे। भीड़ में बेचारा दादा करे तो क्या करे। लोगों को उस पर दया आ रही थी। वे उनको सुझाव दे रहे थे कि लड़के का अपराध अपने सिर ले ले। जब तक पुलिस नहीं आई है तब तक सभी बातें निपटा लेनी होगी। नन्दलाल बड़ा नेकदिल इंसान था। सभी ने स्वीकार किया कि पुलिस के सामने सच्चाई नहीं बताएँगे। नन्दलाल ने भी सभी को धन्यवाद दिया कि उन्होंने उसके बारे में सोचा। इसके बावजूद भी उनमें से कुछ लोग ऐसे थे जो बोल रहे थे कि– "लड़का बड़ा बन्तार बनता है। इसी उम्र में गाड़ी ऐसे चलाता है कि पूछो मत।" दूसरा बोल पड़ा– "ऐसे क्यों बोल रहे हो। लड़के का सारा जीवन सामने पड़ा है। कैरियर बिगड़ जाएगा। उसे एक नौकरी मिलना कठिन हो जाएगा।"

"लेकिन जिसने पाप किया है, जो दोषी है उसे तो सजा मिलनी ही चाहिए।"

"कोई बेकार में बात न करे। मेरे पिता की मृत्यु हुई है। मरने वाले की जान तो निकल गई। अब लाख कोशिश के बावजूद भी वह जिंदा नहीं हो सकता। इसलिए मैं चाहता हूँ कि कोई उस पर दोष न लगाए।" रमज़ान चाचा के बेटे ने हाथ जोड़ते हुए कहा।

रहम भी कोई चीज होती है। कभी–कभी वातावरण देखकर कदम उठाने की आवश्यकता होती है। कभी हम बदले के क्रोध को सिर पर चढ़ाकर वह कर बैठते हैं जो नहीं करना चाहिए। कुछ ही घड़ी में पुलिस आ गई। उन्होंने अपनी सारी औपचारिकता निभाई। नाप आदि के बाद नन्दलाल और लक्ष्य को हिरासत में लेते हुए स्टेटमेंट के लिए पुलिस स्टेशन ले गई। उनसे काफी लम्बी पूछताछ की गई। नन्दलाल से पूछा गया कि "आप इस उम्र में गाड़ी चलाते हैं, आपके स्वास्थ्य का प्रमाण–पत्र चाहिए। वैसे तो आप बोल रहे हैं कि आप स्वस्थ हैं। फिर भी जांच आवश्यक है।"

"मुझे इससे इंकार नहीं है। यदि आप के अनुसार जांच होनी चाहिए तो कर लें।" इतना कह कर नन्दलाल थोड़ा उदास हो गया। समय–सीमा एवं उम्र को ध्यान में रखते हुए सारा कुछ जल्दी ही हो गया। सारी जांच–पड़ताल हो जाने के पश्चात् लोगों ने पाया कि नन्दलाल को दिल की बीमारी हो चुकी है। कभी भी 'स्ट्रोक' हो सकता है। रिपोर्ट के अनुसार शायद एक छोटा 'स्ट्रोक' ही लगा

होगा। घर में किसी को मालूम ही नहीं था, न ही नन्दलाल को ही पता था कि उसे दिल की बीमारी लगने लगी है। जहाँ एक ओर दुर्घटना के अपराध से बचने की उम्मीद थी वहीं दूसरी ओर दिल का हाल देखकर नन्दलाल एकदम बेहाल हो गया।

लक्ष्य बेचारा सोच में पड़ गया। उसे ऐसा लग रहा था कि उसने जीते जी अपने दादा को अपराधी बना दिया। अपराधी ही नहीं, अब तो शायद कुछ सालों तक जेल में भी बिताना पड़ेगा। लक्ष्य न ठीक से सो पाता था न खा–पी सकता था। वह अपने मित्रों के बीच भी उखड़ा–उखड़ा सा रहता था। स्वयं को बड़ा ही अभागा मानता था। कोसता था। इच्छा भी पता नहीं कैसी चीज है, पलभर में आदमी को क्या से क्या बना देती है। मोटर चालक बनने की चाहत ने लक्ष्य को ही नहीं उसके परिवार को चिन्ता के कुएं में धकेल दिया। उससे रहा नहीं गया। उसने अपने माता–पिता से याचना की।

"चलो, हम रमज़ान काका के घर चलते हैं। मैं उसके परिवार के पैर पकड़कर माफी माँगूंगा। दादा को क्षमा कर देने को कहूँगा।" लक्ष्य एकदम बेबस होकर कह रहा था। उसकी प्रतिक्रिया ने रवि और रीति के दिल को दहला दिया। उन्होंने तय कर लिया कि अब कुछ भी हो, अपने बच्चे के लिए कुछ तो करना ही चाहिए। यहाँ सिर्फ बेटे की ही बात नहीं बल्कि उसके दादा का भी प्रश्न है।

"चिन्ता मत करो लक्ष्य! हम आज ही चलेंगे। हम उनसे बात करेंगे। सब ठीक हो जाएगा। एक गलती के लिए भगवान इतनी बड़ी सज़ा तो नहीं दे सकता।"

"हाँ लक्ष्य! बेटा, तुमने जान बूझकर कुछ नहीं किया। रही दादा की बात, उन्होंने भी जानकर कोई ऐसा काम नहीं किया। वे तो अपने नाती की भलाई के लिए ही सोच रहे थे। भगवान ने चाहा तो सब शुभ–शुभ ही होगा।" रीति ने अपनी ओर से सांत्वना देने का प्रयास किया।

शाम के लगभग पाँच बजे तीनों रमज़ान चाचा के घर पहुँच गए। शोक का माहौल था। हर किसी के चेहरे पर उदासी थी। पहले तो उन लोगों को बड़ी हिचकिचाहट हुई। नन्दलाल के परिवार सोच रहे थे कि वे हिंदू हैं और रमज़ान चाचा का परिवार मुस्लिम। उनके दिमाग में यह बात बैठ गई थी कि मुस्लिम लोग आतंकवादी होते हैं। आए दिन रेडियो–टीवी पर जिहाद का गलत प्रयोग आदि के बारे में देख–सुनकर शायद ऐसी धारणा बन गई हो। रमज़ान चाचा की बीवी जुलेखा सामने आई, साथ में उनका बेटा भी था। सभी लोग थके–मांदे थे, चाहे इधर वाले हों या उधर। राम–सलाम के बाद बात शुरू करने से पहले ही लक्ष्य फफक–फफक कर रोने लगा। लोगों ने सांत्वना बंधाई और कुछ हद तक शांत भी किया। उसके रुआँसे चेहरे देखकर घर के सभी लोगों की आँखों में आंसू भर आए। जब एक युवा रोता है तो बड़ा दर्द होता है। कठोर से कठोर

व्यक्ति का दिल पिघल जाता है क्योंकि ये तो उनके खाने–पीने और खेलने के दिन होते हैं।

जुलेखा ने इनसे पहले ही कहा– ''जो हो गया, उसकी याद तो आएगी लेकिन अब हमें सम्भलना चाहिए। किसी भी प्यारी वस्तु के खोने पर दुःख तो होता ही है परन्तु क्या करें? सब मालिक और समय के हाथ में है।''

''खाला जान, मैं अब भी बड़ी ईमानदारी से कह रहा हूँ ये सब जान बूझकर नहीं हुआ। बस उस घड़ी पता नहीं क्या से क्या हो गया? मैं अपने और अपने परिवार की ओर से आपके पैर पड़कर माफी माँगता हूँ। यह भी वादा करता हूँ कि जब तक जिंदा रहूँगा, आपका एहसान नहीं भूलूंगा।''

लक्ष्य की बातें सुनकर सचमुच ही ईमानदारी की बू आ रही थी। अब्बास आगे बढ़ा और लक्ष्य को सँभालते हुए कहा– ''चिन्ता मत करो! आखिर हम भी तो इंसान हैं। भले ही हमारे बारे में आतंकवादी की मुहर लग चुकी है फिर भी हम भरोसा दिलाते हैं कि हमारा भी दिल है। उन जैसों में हम नहीं। हममें इंसानियत बाकी है। बचपन से अब तक हम एक–दूसरे का चेहरा देखते आ रहे हैं। आप लोगों को सताने से हमें कुछ नहीं मिलेगा। हमारे अब्बू तो अब वापस आने वाले नहीं हैं।''

ऐसे नेक विचार सुनकर नन्दलाल गदगद् हो गया। उसे ऐसा लगा कि जिसने भी आतंकी की नकली मुहर सभी मुसलमानों पर ठोक दी है वह गलत है, एकपक्षीय या अनपढ़ है। उसे सही और गलत की पहचान नहीं। ''हमें आप लोगों से यही उम्मीद थी। एक हादसा था, एक बुरा सपना समझकर भूल जाने का प्रयास करें। मुझे पता है, ऐसा करना नामुमकिन है फिर भी कोशिश करने से क्या नहीं हो जाता है? अंत में यहीं कहना चाहूँगा कि हमारा परिवार आप लोगों के हर दुःख में शामिल होगा।''

''देखिए नन्दलाल भाईजान! हमें फिक्र तो हुई लेकिन खुदा ने हमें सहने की ताकत भी दी। सब कुछ हम अल्लाह के हाथ में छोड़ देते हैं। इतना जरूर कहेंगे कि हम इस केस को आगे नहीं बढ़ाएँगे।''

''हाँ चाचा! आप इत्मीनान रखें। हमारी ओर से कोई भी केस नहीं होगा। आप सुकून से घर जाइए। और लक्ष्य! तुम भी चिन्ता मत करो। जो भी हमसे बन पाएगा, हम आप सभी के लिए करेंगे।'' बहुत ही नम्रता के साथ अब्बास ने जोड़ा।

''अच्छा तो अब हम आज्ञा चाहेंगे। सभी चीजों के लिए धन्यवाद, शुक्रिया और मालिक से शक्ति की दुआ करते हैं। खुदा हाफ़िज़।'' बोलकर नन्दलाल और उसका परिवार निकल गए।

कुछ घड़ी तक सोचने के बाद अब्बास ने अपनी अम्मी से कहा– ''अम्मी, आखिर हम सभी इंसान है, गलती किसी से भी हो सकती है। कभी जो हम नहीं

चाहते वह हो जाता है। यब सब परवरदिगार के हाथों होता है।''

''हाँ अब्बास बेटे! खोई हुई चीज तो वापस नहीं मिल सकती यानि चीज हो तो मिल भी सकती है लेकिन तुम्हारे अब्बू का मिलना नामुमकिन है।'' जुलेखा ने कुछ गम्भीर मुद्रा में कहा। दिल के किसी कोने में टीस तो थी लेकिन उस युवक के भविष्य के सामने विवश हो गई थी।

घर पहुँचने पर जैसे लक्ष्य के सिर से एक बोझ उतर गया। दूसरे ही दिन पुलिस स्टेशन से एक फोन आया कि उनको वहाँ उपस्थित होना है। दादा–नाती दोनों वहाँ गए। पहले से अब्बास और उसकी अम्मी बैठे हुए थे। चारों को पुलिस के बड़े अधिकारी 'चीफ इंस्पेक्टर' ने अन्दर बुलाया। उन्होंने बताया कि अब्बास और उस की अम्मी अपनी ओर से कोई केस नहीं बनाना चाहते। अतः आज से इनकी ओर से कोई भी केस नहीं होगा।

''क्यों मिस्टर अब्बास, ऐसा ही है न? जुलेखा बहन, आप भी ऐसा ही मानती है न...?''

''हाँ साहब! मरने वाले तो चले गए, अब दूसरे जिंदा को क्यों सज़ा दिलाएँ या तड़पाएँ? जो अल्लाह को मंजूर था वहीं हो गया।''

जुलेखा की बात सुनकर, इंस्पेक्टर के मुख से अपने आप ही निकल गया– ''आज भी इस दुनिया में ऐसे लोग हैं। अभी भी ईमानदारी, अपनापन और इंसानियत बाकी है।'' नन्दलाल से भी रहा नहीं गया। उसने बहुत ही करुणा भरे स्वर में कहा– ''बहुत शुक्रिया साहब। बहन, अल्लाह से यही दुआ करूँगा कि आपको सहन शक्ति मिले। हम हमेशा आप लोगों का क़र्ज़दार रहेंगे, ऋणी रहेंगे।'' दोनों के हस्ताक्षर के बाद पुलिस ने जाने की आज्ञा दी।

इन दोनों के बीच में सुलह तो हो गई पर रीति को अभी तक एक ओर उसके कुत्ते का दर्द सता रहा था, तो दूसरी ओर उसके कारण हुई दुर्घटना की चिन्ता खाए जा रही थी। बार–बार उसके दिमाग में यही प्रश्न उठता था कि भलाई करने वाले की मौत कैसे हो गई। उसे समझ में नहीं आ रहा था कि ऐसे में दोष किसको दें। उधर नन्दलाल अपने को दोषी ठहरा रहा है तो इधर रीति अपने आप को अपराधी मानती है। कभी लक्ष्य अपने को कोसता है कि सारे फसाद की जड़ वही है। भगवान ही जाने, आखिर ऐसा क्यों हुआ और इसका प्रायश्चित्त क्या है और किसको करना पड़ेगा...?

■■■

अपनों का धोखा

''मुझे अपना श्याम दे दो। मैं उसे गले से लगाकर रखूँगा। मैं वादा करता हूँ कि उसे कभी भी किसी भी हालत में किसी बात की कमी नहीं होगी। आज मेरे पास सब कुछ है।'' धीरेन्द्र ने याचना करने के भाव से कहा।''

''यह तो सही है। मुझे पता है। आज तुम्हारे पास किसी भी चीज की कमी नहीं है, सिवाय औलाद के सुख की। क्या करें? भगवान भी सबको सब कुछ नहीं देता। किसी न किसी चीज से वंचित रख ही देता है। लेकिन यह कैसे सम्भव हो सकता है?'' अपने वाइन का गिलास उठाते हुए धीरज ने धीरेन्द्र से कहा।

''मैंने तो अपना प्रस्ताव, प्रस्ताव क्या दिल की गहराई से निकली हुई इच्छा तुम्हारे सामने रख दी। इसमें केवल मेरी ही नहीं बल्कि राधा और सुरेखा की भी मनोकामनाएँ हैं।''

धीरेन्द्र बोलते–बोलते रुआँसू हो गया। गला रूँद गया। आगे कोई शब्द नहीं निकल पा रहा था, बल्कि आँखों से पछतावे के आंसू बहते हुए उसकी लाचारी का संदेश सुना रहे थे। एक ओर उसका और दूसरी ओर उसकी पत्नियों का अलग से समाज के सामने की व्यंग्य और फटकार तथा कमज़ोरी भरी बातों से परेशान हो चुका था। बार–बार यही सोचता–इतना धन किस काम का? सन्तान जैसी सम्पत्ति न मिली तो ये भौतिक सुख लेकर क्या करूँगा? क्यों मेरी किस्मत में संतान सुख नहीं है? इतना सोचते हुए वह धीरे–धीरे धीरज के घर से निकला और अपनी बी.एम.डब्ल्यू. कार की ओर चल दिया।

धीरज वहीं बैठे एक और 'वाइन' का गिलास हाथ में थामे सोच में डूबा हुआ था कि उसकी पत्नी स्मिता वहाँ आ पहुँची। कंधे पर हाथ रखते हुए उसने कुछ ज़्यादा ही अपनापन दर्शाते हुए कहा– ''क्या हुआ धीरज क्यों इतने चिंतित हो? भाई धीरेन्द्र ने कौन सी ऐसी बात कह दी? क्या समस्या है? कुछ तो बताओ...।''

शनिवार की शाम थी। दोनों बच्चे अन्य मित्रों के साथ कहीं वन–विहार की

योजना बनाकर निकले थे। छोटा पाँच साल का श्याम खा–पी लेने के बाद आस–पास ही में किलकारियाँ भर रहा था। कभी अपने पैरों को मोड़कर मुँह तक लाता तो कभी सहारा ढूँढ़ कर खड़े होने का प्रयास करता, कभी जोर से खिलखिलाता। वह अपनी शिशुता की धुन में मग्न था। स्मिता ने अकेलेपन का वातावरण देखकर धीरज को सिमटाते हुए कहा– ''अब तक हमने दुःख सुख साथ बाँटे हैं, और आज न जाने कौन सी घड़ी ने तुम्हें इस तरह परेशान कर दिया है? मुझे बताओ!'' स्मिता उसके एकदम करीब आकर कह रही थी। धीरज था कि सोच में डूबा था क्या कहे, कैसे कहे....? उसे समझ में नहीं आ रहा था। बाँहों में कसते हुए उसने स्मिता से कहा– ''इतने सालों बाद पता नहीं क्यों मैं इस बात को क्यों नहीं कह पा रहा हूँ? कहाँ से और कैसे कहूँ, पता नहीं। तुम्हारे भाई ने एक ऐसी माँग की है कि मुझे गहरी सोच में डुबो डाला। मैं क्या करूँ क्या न करूँ, तुमसे बोलूं या न बोलूं– कुछ समझ में नहीं आ रहा है।''

ऐसी बात सुनकर स्मिता भी चिंतित होने लगी। वह मन ही मन सोचने लगी आखिर वह कौन सी बात है जो भैया ने धीरज से कही– मुझे उसकी भनक भी न पड़ने दी। हिम्मत बटोरकर, धीरज को सांत्वना देते हुए स्मिता ने बहुत ही विनम्रतापूर्वक धीरज से धीरेन्द्र की माँग बताने का अनुरोध किया।

''धीरज, आज तक हर बात हर काम हमने साथ किया है। सलाह–मशिवरा विचार–विनिमय के बाद किसी नतीजे पर पहुँचकर किया है। आज भी एक ऐसी ही घड़ी है, जो कहना है दिल खोलकर बेहिचक कहो। जो होगा, देखा जाएगा। उसका एक हल निकाला जाएगा।''

स्मिता की बातों से धीरज का साहस बढ़ गया और उसने स्मिता को कुछ अधिक जकड़ते हुए कहा– ''स्मिता! धीरेन्द्र ने हमसे छोटे–छोटे श्याम को माँगा है। वह उसे गोद लेना चाहता है हमेशा–हमेशा के लिए।''

कुछ पल के लिए स्मिता को लगा कि उसके पैरों तले की ज़मीन खिसक गई। पर दूसरे ही पल वह सम्भल कर कहने लगी ''धीरज, यह तो बहुत मुश्किल घड़ी है। बहुत ही साहस का काम है। तुम इस बारे में क्या कहते हो...?

''मैं क्या कहूँ? ऐसी घड़ी तो जीवन में कभी आई ही नहीं है। इस बारे में कैसे एक बार निर्णय कर लें? यह सही है कि धीरेन्द्र के पास किसी भी चीज की कमी नहीं है। हमारा श्याम बहुत अच्छी तरह राजकुमार की तरह रहेगा। लेकिन हम उसे अपने माता–पिता, भाई–बहन से अलग कैसे कर देंगे। कभी पूछेगा तो हम क्या उत्तर देंगे? हमने उसे क्यों अपनों से अलग कर दिया?''

''हो सकता है कि समय के साथ वह भूल भी जाए पर बड़े होने पर जब इस

बात का पता चलेगा तो हमारी स्थिति क्या होगी?'' बोलते–बोलते स्मिता कुछ दूर जाकर सोच में डूबी बैठ गई। उसे याद आ रहा था कि एक बार जब धीरेन्द्र के घर खाने पर गई थी तो राधा–सुरेखा और स्वयं धीरेन्द्र ने इस बात का संकेत दिया था, लेकिन उस समय उसे कहाँ पता था कि धीरेन्द्र का इशारा श्याम को अपनाने का है? उस पर दया तो आई थी पर वह समझ नहीं पाई थी। आज उस घड़ी की याद आ रही है। वह बड़बड़ाती हुई कहने लगी।'' भगवान भी पता नहीं कैसी–कैसी परीक्षा लेता है? अगर उनको एक ही बच्चा दे दिया होता तो आज यह समस्या नहीं आती।''

''क्या हुआ! क्यों बड़बड़ा रही हो? लगता है कि कोई गहरी और गम्भीर समस्या है।'' धीरज ने स्मिता से कहा।

जानते हो धीरज। आज मेरे भाई धीरेन्द्र की दो पत्नियाँ क्यों हैं, सुनेंगे तो बनावटी कहानी जैसी लगेगी। वास्तव में शादी के बाद राधा का कोई बच्चा नहीं हुआ। बहुत डॉक्टरों–दवाइयों का सहारा भी लिया गया, लेकिन किसी से कोई लाभ नहीं हुआ। उन लोगों में बांझपन का ठप्पा–सा लग गया। वे सोच में पड़ गए। इतना सारा धन होने के बावजूद भी कोई खाने वाला नहीं होगा। कोई वारिस नहीं। इस सोच ने दोनों की ज़िन्दगी को नर्क बनाकर रख दिया। तब राधा ने कलेजे पर पत्थर रखकर धीरेन्द्र से प्रस्ताव किया कि वह उसकी छोटी बहन सुरेखा से शादी कर ले। सुरेखा पता नहीं क्यों शादी के नाम से घबराती थी? उसने तय किया था कि कभी ब्याह के मामले में नाक नहीं डालेगी।

''जब राधा ने अपनी और परिवार की विवशता बताई तो सुरेखा पर दया की जैसे बरसात हो गई। वह अपनी बहन और जीजाजी को इस तरह तड़पकर जीते नहीं देख पाई। अंततः उसने हामी भर ही दी। चूंकि वे सम्पन्न परिवार थे एक होटल में कुछ ही लोगों के बीच एक छोटी शादी कर ली। उन लोगों के जीवन में सुनहरी किरणें फूट पड़ीं। जीवन जैसे स्वप्नमय हो गया। उनको विश्वास हो गया कि अब उनके आंगन में भी किलकारियाँ सुनी जाएँगी, शोर–गुल होगा। बच्चों का प्यार छलकेगा। घर को वारिस प्राप्त होगा। राधा फूले नहीं समाँ रही थी। फिर भी, जब कभी अकेले, सन्नाटे में बैठती तो लगता था कि उसने कोई अपराध कर दिया है। उसने अपना हक किसी को सौंप दिया है। लाचारी में ही सही लेकिन कोई पत्नी अपने जीते जी किसी और को अपने पति के साथ रहते कैसे देख सकती थी चाहे उसकी अपनी ही बहन क्यों न हो? उसे यह बात बड़ी खलती थी, फिर भी वह कुछ नहीं कर पा रही थी सिवाय इसके कि उसकी सौतन व बहन की गोदभर जाए और घर को एक वारिस की प्राप्ति हो जाए। बड़ी बेचैनी से यह

प्रतीक्षा की जाती थी। उधर, धीरेन्द्र की बाँछें भी खिल उठी थीं कि उसे भी अब पिता कहलाने का हक प्राप्त होगा।''

वह कई प्रकार के ख़यालों को अपने मस्तिष्क में जन्म देने लगा था। मालिक का न्याय कुछ और ही होता है। मानव चाहे कुछ भी सोच ले और कुछ भी करना क्यों न चाहे और किसी प्रकार का भागीरथ प्रयत्न क्यों न कर ले। फिर भी उनके सामने विवश हो जाते हैं। शादी आदि तो हो चुकी, फिर भी सुरेखा की गोद न भरी। वह भी धीरेन्द्र को संतान–सुख न दे पाई। बांझपन का ठप्पा उस परिवार के माथे पर लगा ही रह गया। इन सारी बातों को ध्यान में रखकर, उनकी लाचारी और भविष्य के बारे में सोचकर आखिर स्मिता भी मान गई। उसने धीरज को भी हर प्रकार के प्रयत्न से राज़ी कर लिया। अब सही बात श्याम तक पहुँचाने की थी। उसके साथ उसके भाई–बहन को कैसे राजी किया जाए– चिन्ता का विषय था। धीरज और स्मिता रोज़ इस विषय पर सोचते और एक रोज़ साहस बटोरकर श्याम के भविष्य और मामा–मामी के बुढ़ापे आदि के बारे में ऐसा वातावरण बांध कर बताया कि सभी लोग तैयार हो गए।

एक शाम लगभग साढ़े पाँच बजे धीरेन्द्र की बड़ी–सी गाड़ी धीरज के घर के सामने रुकी। कुछ कपड़े–लत्ते तैयार थे। एक सूटकेस में सारी चीज़ें भर दी गई थीं। जैसे ये लोग भी धीरेन्द्र की प्रतीक्षा में आँखें बिछाए बैठे थे। घर में प्रवेश करते ही धीरेन्द्र धीरज से लिपट गया। ''धीरज, तुम शायद नहीं जानते, तुम मेरे लिए, मेरे परिवार के लिए क्या कर रहे हो...? आज तुम वह काम कर रहे हो जिससे मैं सात जन्मों तक उऋण नहीं हो सकूंगा।'' फिर अपनी बहन के पास गया। ''बहुत–बहुत धन्यवाद'' इतने ही शब्द फूटे और बच्चों के सिर पर हाथ फेरते हुए कहा– ''मामाजी पर विश्वास करो, मैं श्याम पर बुरे समय और आदत की आंच तक आने नहीं दूँगा।'' सभी के साथ वार्तालाप करने के बाद श्याम के पास गया। श्याम मनोवैज्ञानिक आधार पर तैयार था। माता–पिता ने उसे मानसिक तौर पर तैयार कर दिया था। आँखों में आंसू जरूर थे। दिल में भी अपने माता–पिता के प्रति, अपने भाई–बहन के लिए प्यार अवश्य था, फिर भी जिस बात का निर्णय हो चुका है उससे पीछे भी नहीं हटा जा सकता। श्याम सभी से विदा लेने लगा। सभी का कलेजा जैसे फट–सा गया। उन्होंने ज़्यादा समय नहीं गँवाया क्योंकि उन्हें पता था कि समस्या गम्भीर हो सकती है। धीरेन्द्र ने सभी को धन्यवाद और नमस्ते की। वे गाड़ी की ओर बढ़ चले। इस स्थिति के बाद श्याम ने लगभग एक घंटे तक कुछ नहीं कहा। जब उसको उसका कमरा दिखाया गया तो वह अवाक् रह गया। उसे लगा कि वह किसी फिल्म के स्वप्न का दृश्य देख रहा हो। सारा

कुछ नया–नया लग रहा था। बच्चा तो था ही, ऐशो आराम की चीजें देखकर उसका मन ललचा गया। जैसे उसका मन जुड़ा गया। वह धीरे–धीरे सारा कुछ भूलने लगा और अब धीरेन्द्र का ही बेटा बन गया। समय में पंख लगते ही श्याम के पैर के जूते पिता के जूते जितने हो गए। रईसी की चादर ओढ़ लेने के कारण उसमें थोड़ा घमण्ड भी आ गया। धीरे–धीरे उसके दोस्त भी बदलने लगे। दोस्ती क्या, श्याम के हाव–भाव, रहन–सहन, खान–पान बात करने के तरीके आदि में परिवर्तन आने लगे। वह अब पुराने वाला श्याम न रहा। अब वह अमीर पिता का दुलारा, एकलौता और बिगड़ा हुआ पुत्र बन चुका था। जहाँ बच्चे के प्यार पाने की बात थी वहाँ मानो अब एक समस्या का बोझ सिर पर आ गया। प्रतिदिन कोई उलाहना या बुरी करतूत की खबर उससे पहले घर पहुँच जाती। वृद्ध उम्र होने के कारण धीरेन्द्र, सुरेखा या राधा भी दबाव नहीं डाल पाते थे। समझाते जरूर थे पर जैसे पानी में रेखा काटने के बराबर था। उनकी बातें कच्चू के पत्ते पर पानी के पड़ते ही फिसलने जैसी हो गई थीं। धीरेन्द्र ने एक बार धीरज की सहायता की उम्मीद की, लेकिन असर कुछ नहीं हुआ। उल्टे धीरज को भी पछतावे के भंवर में गोता लगाना पड़ गया।

श्याम की स्थिति ऐसी हो गई थी जैसे वह एक मशीनी दिमागवाला 'रोबोट' बन चुका था। लगता था कि कोई बाहर से उसे नचा रहा हो। अन्य अपने लोगों की बातों का उस पर असर बिल्कुल ही नहीं होता था। वह इतना तक बदल गया कि घर के सामानों तक को बेच–बेचकर कहीं का क़र्ज़ चुकाता मोटर गाड़ी का बिक जाना तो जैसे उसकी स्वाभाविकता थी। एक रोज़ जब धीरेन्द्र से सहा नहीं गया तो कह ही दिया, "श्याम, यह सही है कि तुम हमारे पुत्र हो, पर अपने भविष्य के बोर में सोचो। ये सारी चीज़ें मेरी थीं। मिली हुई चीजों का लिहाज तो करना सीखो।"

"मेरी थीं, आपने सही कहा! थीं, अब सारी चीजों पर केवल मेरा हक है। आप लोगों ने सब कुछ मेरे नाम कर दिया है। अगर मुझे ज़्यादा तंग करोगे तो... तो... इसका नतीजा अच्छा नहीं होगा। फिर मुझे जिम्मेदार मत ठहराना।"

"क्या तुम हमें धमकी दे रहे हो...?"

"धमकी? आप जैसे वृद्ध लोगों को धमकी क्या दूँ? केवल बता रहा हूँ। आप लोगों की उम्र हो गई है, इसलिए हम जैसे युवकों से न टकराएँ तो ही अच्छा है, आप लोगों के लिए और मेरे लिए भी।"

श्याम से बात करना बहुत कठिन हो गया था। लेकिन जो माता–पिता अपने बच्चों का भला चाहते हैं वे औलाद को बिगड़ते हुए कैसे देख सकते हैं? सभी लोगों

के समझाने के बाद धीरेन्द्र एक बार पुनः कोशिश की। पर इस बार यह कोशिश उन्हें महँगी पड़ी। नतीजा यह हुआ कि धीरेन्द्र, सुरेखा और राधा... तीनों को 'होम' में जाना पड़ा। वृद्धावस्था का शाप तो था ही, ऊपर से पुत्र की करतूत ने तो पूरे परिवार को तोड़कर ही रख दिया। अब तो जैसे उनकी देखभाल की जिम्मेदारी भी धीरज और स्मिता की हो गई। कभी तो धीरज भी अपने आपको कोसता कि सारा कुछ उसी की बदौलत हुआ है। अगर वह श्याम को देने से इंकार कर देता तो नौबत यहाँ तक नहीं आती।

इधर, श्याम युवावस्था में ही जैसे अधेड़–सा लगने लगा था। अब तो उसके साथी भी छूट चुके थे। यहाँ तक कि जिस हवेली में रहता था वह भी गिरवी रख दी गई थी। यह भी विश्वास था कि वह उसे वापस ले नहीं सकता, उसकी सारी सम्पत्ति पूर्णिमा के चांद सी दूधिया हो गई। उसके रहने का भी ठिकाना नहीं रहता। कई सप्ताह बाद धीरज को सूचना मिली कि श्याम का कोई ठिकाना नहीं। खोज–बीन के बाद पता चला कि वह 'ब्राऊन सेक्वांद' अस्पताल में दिमागी असंतुलन के इलाज के लिए भरती हुआ है।

धीरज अपने परिवार को भी जैसे मुँह दिखा न सका था। आदमी में इतना परिवर्तन हो सकता है, उसने कभी सोचा तक न था। गाँववाले भी कहते– ''धीरज और धीरेन्द्र का परिवार तो 'हेन पातर' हो गया। भगवान भी किसी को ऐसी स्थिति न दिखाए...। कैसे आदमी हीरो से जीरो हो जाता है? इसीलिए शायद कहा भी गया है आसमान पर थूका नहीं करते।

■■■

प्यार या पागलपन

"देखो उर्मी, एक बार फिर कहता हूँ कि यदि तुम मुझसे प्यार नहीं करोगी, मुझे नहीं चाहोगी तो मैं कुछ भी कर सकता हूँ। किसी भी हद तक जा सकता हूँ।"

"अरे हट! बहुत बकवास सुनते–सुनते मेरे कान पक गए हैं। कितने लड़के हैं जो इस तरह की बातें करते हैं? किस–किस की बात मैं सुनूंगी?" बोलते हुए उर्मिला अपना बस्ता लिए आगे बढ़ गई। वह सोचती जा रही थी कि अमन क्यों उसे बार–बार तंग कर रहा है?...कहीं वह सभी लड़कियों के साथ ऐसा ही तो नहीं करता है?... फिर अभी उसकी उम्र ही क्या हुई है? सत्रह ही तो पार किया है। और अभी ही से... हे भगवान, इन लड़कों को क्या हो जाता है? सोचते हुए वह घर तक पहुँच गई।

उधर, अमन चिन्ता में डूबा हुआ है कि उर्मिला के जीवन में कोई दूसरा लड़का तो नहीं। हो भी तो मैं उर्मिला को किसी को पाने नहीं दूँगा। वह केवल मेरी बनकर ही रहेगी।

उर्मिला अपनी नानी के घर रहती थी। आठवीं कक्षा के बाद नौवीं में कदम रखी थी। पढ़ने में वह काफी अच्छी थी। हर साल परीक्षा पास कर 'प्रोमोट' होती गई है। वह घरेलू कार्य भी निपटा लेती है। कभी कुछ मामूली चीज़ें पकानी हों तो वह कर लेती है। नानी बेचारी कितना करेगी, वह भी तो सत्तर की हो चुकी है। एक निरीश है कि महा कामचोर, न अच्छी तरह पढ़ाई करता है, न ही घर का कोई काम। घर की बात छोड़ें वह तो अपनी ही वस्तुओं को न कभी सपराता है न उचित ढंग से रखता है। फिर भी, उर्मिला उसे अपना छोटा भाई समझकर सब कुछ देने के लिए तैयार रहती है।

उर्मिला उस शाम को बहुत प्रसन्न हुई। उसे ई–मेल मिला कि उनके माता–पिता उसके जन्मदिन के अवसर पर ढेर सारे सामान लेकर आएँगे। तीन सप्ताह ही तो रह गए हैं। उर्मिला अपने भाई और नानी को संदेश सुनाने गई, नानी भी फूले नहीं समाई। वह सोचने लगी इन बच्चों से कम से कम थोड़ा

छुटकारा तो मिल सकेगा। निरीश सबसे ज़्यादा प्रसन्न था क्योंकि एक तो वह छोटा था और उसने बहुत सारी फारमाइशें पहले से की हुई है। पाँचवीं कक्षा के छात्रों से अक्सर कहता है ''मैं यहाँ हरदम नहीं रहूँगा। मैं तो हवाई जहाज में चढ़कर, तुम लोगों को बाई–बाई करते हुए कानाडा चला जाऊँगा।'' शायद इन बातों के असर से भी वह थोड़ा नटखट हो गया था। कभी वह अपनी बहन को तंग भी करता, फिर भी वह सभी की आँखों का तारा बना हुआ था।

अमन एस.सी. करके अब लोवर सीक्स्थ में पहुँचा था। अब तो कक्षा का नाम भी बदल गया है। दर्जा बारह की संज्ञा देने लगे हैं। वह पढ़ने में अच्छा है। न केवल स्कूली विषय बल्कि उर्दू पर भी विशेष ध्यान देता है। गाँव के मदरसे में शनिवार की रात को पढ़ाई जाती है, वह कभी भी अनुपस्थित नहीं होता। कभी अकेले में सोचता कि मैं मुस्लिम हूँ और उर्मिला हिंदू... क्या उसे पा सकूँगा?... कहीं फिल्मी कहानियों की तरह मेरा जीवन भी ऐसा ही तो नहीं रह जाएगा? यह प्यार भी पता नहीं ऐसा एहसास है कि उसे कुछ सूझता ही नहीं। प्रेमी–प्रेमिका अंधे हो जाते हैं या प्यार ही, कुछ समझ में नहीं आता। अमन के दिलो–दिमाग में उर्मिला छा गई है। इसके सिवा उसे कुछ सूझता नहीं। पड़ोसी होने के कारण वह कभी–कभी नानी से बात भी कर लेता था। वह मज़ाक–मज़ाक में कह भी देता था, कि मैं तो तुम्हारी नातिन उर्मिला से ही शादी करूँगा। नानी 'भाग नतिया' कह कर भुनभुनाने लगती। मज़ाक क्या, बल्कि अमन जान–बूझकर नानी के मन को टटोलने का प्रयास करता था। नानी के जवाब से वह समझ गया था कि उसकी दाल गलने वाली नहीं है।

दूसरे ही दिन अमन को एक दोस्त मिला। उसे देखकर अचरज में पड़ गया। अमन पूछ बैठा ''अरे समीर! तुम मेरे गाँव में...? क्या बात है...कहीं रास्ता तो नहीं भटक गए हो...?''

''ऐसा ही समझो यार। ये मोहब्बत भी कैसे–कैसों को निकम्मा बना देती है। शायद मैं भी निकम्मा हो चुका हूँ।''

''अच्छा बताओ तो मेरे गाँव में... मेरे रास्ते में... वह कौन सी फुलझड़ी है जिसने तुम्हें यहाँ आना विवश कर दिया?''

''मुझे क्या पता था कि तुम यही रहते हो? उसने तो मुझे पता दिया और अंतरजाल के सहारे धीरे–धीरे इधर आ गया।''

''सब ठीक है! पर बताओ तो सही कौन, है वह...?

''भाई अमन! उसने अपनी गली का नाम अपना फोन नंबर दिया। केवल उर्मी... कहती है। मुझे लगता है कि वह उर्मी है... ।''

उर्मी... उर्मी कैसे हो सकती है...? कुछ पल के लिए जैसे उसके पैरों तले से ज़मीन खिसक गई। उसने अन्दाज़ा लगा लिया कि यह उर्मिला ही के बारे में बात कर रहा है। उसके वर्णन, पता और मोबाइल नंबर से तो एकदम वही लगती है। बात को आगे न बढ़ने देने के उद्‌देश्य से वह समीर को अपने घर ले गया और चाय–पानी देकर उसके दिमाग में इतना भर दिया कि यहाँ उर्मी नाम की कोई लड़की नहीं रहती, शायद उसने ठग दिया होगा। किसी भी तरह समझा–बुझाकर समीर को वापस भेज दिया। जाने के पश्चात अमन आग–बबूला हो गया। उसे इतना क्रोध आया कि लगा, वह अभी ही जाकर उर्मिला से पूछे। फिर दूसरे ही क्षण वह सम्भल गया। उसने सोचा कि कल उससे बात करेगा। केवल उससे ही नहीं बल्कि नानी से भी बात करेगा। उसकी रात्रि तारे गिनकर ही बीती। उसे लग रहा था कि सुबह हो ही नहीं रही है। इतनी लम्बी रात जैसे प्रथम बार उसके जीवन में आई है। किसी भी तरह प्रतीक्षा में वह सुबह देख पाया। उसने बीमारी का बहाना बनाकर स्कूल न जाने का निश्चय लिया। साढ़े सात बजे उर्मिला घर से निकली। वह अपने छोटे भाई निरीश के साथ और अन्य दो–तीन मित्रों के साथ कॉलेज के लिए जा रही थी। अमन को लगा कि अभी पूछ ले, लेकिन सुबह–सुबह सभी का मूड ख़राब न हो जाए, इसलिए वह सम्भल गया। सोचा कि शाम को सारी बातें पूछ लेगा। वह घर लौट गया। घर पर कोई नहीं था। बड़ी बहन सारा, भाई अब्बास और महमूद काम पर चले गए थे। माता–पिता अपनी दुकान पर चले गए थे। उसने घर ही पर रहना उचित समझा। कभी कहा जाता है कि खाली दिमाग शैतान का घर होता है। खाली होने के कारण अमन न जाने कितने प्रकार के एस. एम.एस. उर्मिलाके मोबाइल में भेजता रहा। कभी अपने पलंग के नीचे से न जाने क्या निकाल कर नाक के द्वारा लम्बी सांस लेता और कुछ पल के लिए लुढ़क कर जैसे शांत हो जाता। ऐसा लगता कि उसकी सारी चिन्ताएँ दूर हो गईं। परन्तु चिन्ता दूर नहीं होती थी। वह तो नशाखोरी की कोई नई चीज थी जिसे उसने चोरी–चुपके खरीद रखी थी। समय–समय पर उसे लेता रहता था। प्रथम बार अमन ने तब वह लिया था जब उर्मिला की नानी ने उसे भला–बुरा कहा था और उर्मिला को अपने दिमाग से निकाल देने को कहा था। तब से जैसे अमन की आदत–सी हो गई थी। जब भी वह चिन्ता में होता वह चोरी–चुपके इस पदार्थ का उपयोग कर ही लेता। आज उसने 'डोज़' की सीमा पार कर दी थी। आँखें लाल हो चुकी थीं। वह बैठे–बैठे कितनी प्रकार की बातें सोच रहा था। अंत में, उसने तय कर लिया कि वह उर्मिला के घर जाएगा और शाम को सारी बातें साफ कर लेगा। वह साफ–साफ सभी के सामने बता देगा कि उर्मिला केवल उसकी है और

वह उसी से निकाह करेगा।

इतना सोचते–सोचते वह जोश में आ गया। कुछ घड़ी तक सोचने के बाद वह उर्मिला की नानी के पास चला गया। नानी घर पर अकेली थी। अमन ने आवाज़ लगाई ''नानी... नानी!''

आवाज़ में गम्भीरता थी, इसलिए वह जल्दी से आई। उसे पता नहीं कि किसकी आवाज़ है जो 'नानी–नानी' कहकर पुकार रहा है। सामने आने पर वह दंग रह गई। तुरंत उसके मुँह से निकला– ''अरे नतिया! तू...तू फिर से आ गया? क्या बात है, कॉलेज नहीं गया...?''

''आज मैं कॉलेज नहीं गया, केवल एक ही काम के लिए। मैं केवल यह बोलने आया हूँ कि मैं उर्मिला से मोहब्बत करता हूँ और मैं उससे निकाह करना चाहता हूँ...।''

''अरे चुप रहो नतिया! तुम ठहरे मुस्लिम, हम हिंदू। भला यह कैसे सम्भव होगा? देख अमन! तुम अभी छोटे हो नाबालिग हो, यह सब सोचना तुम्हारे बस की बात नहीं। बेहतर है कि तुम अपनी पढ़ाई पर ध्यान दो और इस वक़्त तुम घर जाओ...।''

''घर जाऊँ...? हाँ, जाऊँगा लेकिन बिना 'हाँ' सुने या वादा लिए नहीं जाऊँगा। आपको वादा करना ही होगा कि उर्मिला मेरी है और सिर्फ मेरी।''

''लगता है, तुम ऐसे नहीं मानोगे। गत वार भी तुमने ऐसा ही किया था और पुलिस को ख़बर करनी पड़ी थी।''

''मुझे याद है, मुझे सब याद है। एक बार वॉर्निंग दूसरी बार बंद भी हुआ था। फिर भी मैं सुधरने वाला नहीं। मैं उर्मिला से सच्चा प्रेम करता हूँ और उसके लिए मैं कुछ भी कर सकता हूँ।''

''तुम ऐसे नहीं मानोगे। ठहरो...।'' कहकर नानी अन्दर गई और कुछ घड़ी अन्दर ही रही।

अमन सोचता रहा कि बुढ़िया क्या कर रही है या उसके मन में क्या है? वह इतना सोच ही रहा था कि गुस्से से तमतमाते हुए नानी सामने आई। एक हाथ पीछे था। आते ही वह बरस पड़ी।

''मैंने कहा कि तुम अपने घर जाओ...।''

''नहीं जाऊँगा तो...?''

''तो...! तो आज तुम इसका मज़ा भी चखोगे।'' वह हाथ आगे करती है। एक लम्बी छुरी चमक रही थी।'' उसने धीराते हुए कहा– यदि नहीं फूटोगे यहाँ से तो मैं चह चला दूँगी।'' अमन को हँसी आई। वह व्यंग्य भरी हँसी हँसते हुए मुड़ा और

अपने घर का रास्ता लिया। रास्ते पर न जाने क्या–क्या अनाप–शनाप सोचते हुए जा रहा था। कभी नाराज होकर बड़बड़ाता तो कभी अपना घूंसा बांधकर अपने दूसरे हाथ में मारता... वह अपने घर में घुसकर कमरे का दरवाजा बन्दकर अन्दर ही चिपक–सा गया। कमरे और दिमाग में क्या चल रहा था– केवल अमन और खुदा ही जानता था।

शाम के चार बजे उर्मिला घर लौट रही थी। उसका छोटा भाई निरीश लौट चुका था। वह बाहर निकलने के लिए दौड़ने ही वाला था कि उसे रोक दिया गया। उसका शरीर लहूलुहान हो गया। वह जोर से चीखा और बेहोश होकर फर्श पर गिर पड़ा। नानी आवाज़ सुनकर रसोई घर से भागी आई। उसे आश्चर्य हुआ। कुछ पल के लिए जैसे वह दंग रह गई। अमन ने लम्बी छुरी से निरीश पर वार कर दिया था। नानी भड़क उठी। उसने अमन को पकड़ने की कोशिश की पर बेकार। अमन के सिर पर क्रोध का भूल सवार हो चुका था। उसकी स्थिति ऐसी हो गई थी कि न वह कुछ सोच सकता था न उसे और कुछ सूझ ही रहा था। वह अपने मन की कर रहा था। न किसी की सलाह न सीख की आवश्यकता थी। उसने नानी पर भी छुरी से वार कर दिया। नानी लहूलुहान हो वहीं लुढ़क गई। वह छटपटाती रही पर कोई बचाने वाला नहीं था क्योंकि उसका घर अन्य घरों से थोड़ा हटकर था। वह तड़पती रही कि उर्मिला घर में प्रवेश करने लगी। प्रवेश करते ही उसके होश उड़ गए। कुछ पल के लिए उसे अँधेरा–सा लगने लगा। वह अवचेतन अवस्था में आ गई। तभी अमन अपनी लम्बी छुरी लिए सामने प्रकट हुआ। उसे देखते ही ऐसा लगा कि वह स्वप्न या कोई फिल्म में ऐसा दृश्य देख रही हो। वह काँप गई। फिर दूसरे ही पल साहस बटोरकर उसने अमन से कहा, "अमन अपने आपको सम्भालो, क्या कर रहे हो? तुम्हें जेल होगी, फांसी की सजा हो सकती है। होश में आओ।"

"आज मैं अपना होश खो चुका हूँ। बहुत दिनों से मैं सहता रहा। तुम्हारी नानी की धमकी, तुम्हारे ताने, तुम लोगों की धिक्कार, पुलिस की धमकी सब कुछ सह लिया, अब नहीं। आज मैं सभी खत्म कर दूँगा। उर्मिला तुम्हें मेरी बनकर जीना होगा, तुम मेरी हो...।" वह आगे की ओर बढ़ता। तब तक निरीश लुढ़कता हुआ भाग निकलता है। वह पास में जाकर जोर से चिल्लाता है। तुरन्त कुछ लोग जमा हो जाते हैं और दौड़कर उस स्थल की ओर जाते हैं। वहाँ पहुँचते ही वह स्थल जैसे हत्या स्थल बन चुका था। हर जगह लहू की धारा बह रही थी। नानी एक ओर दम तोड़ चुकी थी। उर्मिला का शरीर छुरी के वार से छलनी हो चुका था। अमन पागल जैसा हो गया था। वह अपनी नसों को काट रहा था। तभी कुछ लोगों

ने साहस किया और एक डंडे से उसकी छुरी नीचे गिरा दी। उसे पकड़ लिया गया। तब तक किसी ने पुलिस को फोन कर दिया था। पुलिस शायद आस–पास ही थी। वे तुरंत वहाँ पहुँचे। सारा स्थल घेर लिया गया। देखते ही देखते पुलिस की फौज वहाँ आ पहुँची। अमन के अब्बू और अम्मी को भी खबर मिली। उनके आते–आते अमन को पुलिस ले गई। उनको पता तक नहीं चला कि वे अमन को कहाँ ले गए। वे भी पूछताछ करने लगे। बेटे की करतूत से वे किसी को मुँह दिखाने के काबिल न रहे। अब्बू अब्दुल को पछतावा हो रहा था कि नानी जैसी बुजुर्ग जिसका आदर वे भी करते थे, सारा गाँव करता था आज इस रूप में उसके बेटे द्वारा हत्या...! सुनकर कलेजा मुँह को आ जाता था।

कौन किस को सांत्वना दे, कौन किसको साहस दे या भला–बुरा कहे, समझ में नहीं आ रहा था। अब्दुल और उसकी बेगम हैरान थी कि उसका बेटा अमन उर्मिला से शादी करना चाहता था। कभी भी जिक्र नहीं किया था। समझाने का मौका भी नहीं मिल पाया। पूरा गाँव दांतों तले उँगली दबा रहा था कि ऐसी घटना उनके गाँव में कैसे घट गई।

दूसरे दिन उर्मिला के माता–पिता मॉरीशस लौटे। उनको जैसे इस ज़मीन से ही नफरत होने लगी थी। लेकिन वे अपने को दोषी ठहरा रहे थे कि पैसे कमाने के लिए अपने बच्चों तक को छोड़ गए थे। अब वे पछता रहे थे कि केवल पैसे दे देना ही काफी नहीं। आज उनके सामने दो लाशें पड़ी हैं। बेटा अस्पताल में है। गाँव वाले भी सहानुभूति से ज़्यादा उनको धिक्कारते थे। वे बस सोचकर रह जाते थे कि परिस्थिति भी इंसान को कहाँ से कहाँ पहुँचा देती है। बाद में पता चला कि अमन को पागलखाने में भेज दिया गया। निरीश बेचारा जैसे अपाहिज–सा बन कर रह गया। पूरा परिवार बिखर सा गया। उर्मिला के पिता समझ नहीं पा रहा था कि यह घटना प्रेम की है या नफरत की, बदले की भावना है या प्यार की पराकाष्ठा, प्रेमी–प्रेमिका का अंधापन या प्यार का दीवानापन, लापरवाही या लालच। उधेड़–बुन में डूब गई है ज़िन्दगी। सुराख की तलाश रह गई है।

■■■

कौन सही है

विवेका जागा ओझा की बहू थी। उसका पति स्वर्ग सिधार चुके थे। पैंतीस साल की उम्र में ही वह विधवा हो चुकी थी। चार देवर होने के कारण ससुर ने इन्हें अलग रहने का हुक्म दे दिया। विवेका अपने दोनों बच्चों के साथ एक छोटी–सी झोंपड़ी जैसे 'देपांदांस' टाइप के टीन के घर में रहती थी। वह भी बनाना मुश्किल था इसलिए दीवार के रूप में कोलतार के टीन का प्रयोग किया गया था। जागा ओझा का नाम प्रचलित हो चुका था। गरीब से गरीब और धनी से धनी लोग भी अपने भूत उतारने या बीमारी भगाने के लिए आते थे। विवेका अपने ससुर की सहायता करती थी। ससुर की इतनी सेवा की मानो सारा काम समझ गई थी। इसी बीच जागा ओझा बीमार पड़ा और खूब तड़प कर भगवान को प्यारा हुआ। लोगों का कहना था "इसने बहुत लोगों को ठगा है इसीलिए इतना तड़पकर मरा।"

विवेका ने मौके से लाभ उठाया। ससुर के ग्राहकों से तो परिचित थी ही, इसीलिए उसने ग्राहकों को अपनी ओर खींचा। किसी भी रूप में उसकी प्रसिद्धि जागा ओझा से कम ही थी। भगवान भी शायद उसकी सहायता करना चाहते थे। विवेका की बेटी की शादी थी। विदाई के समय पता नहीं किस कारण से उसकी बेटी बेहोश हो गई। शोर मच गया– "बेटी को भूत लग गया है।" विवेका ने तुरंत अपने घर के कमरे में उसे मंगवाया। हाकू–डाकू करती हुई छुरी शरीर पर फेरती हुई अन–मन बोलने लगी। कुछ ही घड़ी में लड़की स्वस्थ होकर चलने लगी। विवेका के कार्य में मानो गुलर के फूल गिर गए। यह बात हवा की तरह फैल गई। शादी में कई गाँवों के लोग उपस्थित थे। इसलिए लगभग पूरे मॉरीशस में यह बात फैली और लोग परिचित हो गए। अब तो न समय का ठिकाना था न खाने की सुधबुध, ग्राहकों का तांता लगने लगा था। घर अलग होने के कारण 'पॉर्किंग' की कमी नहीं होती थी। आस–पास के लोग भी उसके काम से परिचित हो गए थे इसलिए किसी प्रकार की समस्या नहीं होती थी। दिन दूनी–रात चोगुनी उन्नति

होने लगी और देखते ही देखते एक आधुनिक और हर सुविधा से परिपूर्ण बंगले का निर्माण हो गया। उसका बेटा विकास जैसे प्राचीन समय के राजकुमारों में से एक था। किसी चीज के लिए उसे तड़पना नहीं पड़ता था। बस मुँह खोलने की देरी थी और सामान उसे मिल जाता था।

विकास शादी लायक हो चुका था। परिवारों ने उसकी बात माया नाम की लड़की से चलाई। माया देखने में सुंदर थी। लम्बी, गोरी, सुडौल अच्छी नाक नक्शे वाली, लेकिन वह पढ़ी–लिखी उतनी न थी। फोर्म टू II तक पढ़ाई के बाद वह कपड़े की दुकान में नौकरी करने लगी थी। हालांकि माता–पिता ने उसे विवश किया, लेकिन इसने सिर पटक दिया कि वह पढ़ेगी ही नहीं। विकास भी कम पढ़ा ही था इसीलिए उनके रिश्ते बनने में देरी न हुई। दोनों की शादी धूमधाम से हो गई। विवेका भी एक ही बहू वाली सास होने के कारण उसे सारा प्यार देती। वह अपने ओझाई–फुकाई के कार्य में लगी रहती और माया ही घरेलू कार्य करती थी। विकास मुँह अँधेरे ही चाय की खेती में कुछ लोगों को लेकर काम करने चला जाता। विवेका भी कभी साथ जाती। गाँव में कामगारों का अभाव था इसीलिए अन्य गाँवों से मजदूर लाने पड़ते थे।

विकास में एक बुरी आदत जरूर थी। काम समाप्त होते ही वह सीधे घर नहीं लौटता था। माँ को किसी तरह घर भेजकर वह मित्रों के साथ खूब मस्ती करता। शाम में या कभी रात्रि में देर तक घर पहुँचता। कभी माया अकेली रहती हुई बोर हो जाती। सीरियल आदि देख–देखकर उसका दिमाग बिगड़ने लगता था। उसका एक शादीशुदा पड़ोसी था। लोग उन्हें पता नहीं किस–किस नाम से पुकारते थे, कभी लिम्बा–चक्रम, दिलफेंक आदि–आदि लेकिन 'दिल फेंक' कहना लोग उचित समझते थे क्योंकि वह हर जगह किसी न किसी को पटा लेता और रासलीला में धुत्त रहता। हालांकि वह दो बच्चों का पिता था फिर भी अपनी आदत से मजबूर था। सभी लोग कहते थे– 'यह बंदा अपने पिता के नक्शे कदम पर चलता है। धुत्त पिता ने साठ साल की उम्र में ब्याह किया था।'' पैंतीस साल की स्त्री से। तीन बड़े बच्चों के पिता होने के बावजूद भी उसने विकास को जन्म दिया था। माया खाली समय में लिम्बा से खूब खा–खा–खी खी करती, हर प्रकार की बात करती और अपनापन जैसा बनावटी रिश्ता यहाँ तक बढ़ा कि दिलफेंक घर में भी आने लगा। रिश्ता इतना गहराया कि इशारे और समय की प्रतीक्षा होती थी। प्रेम तो नहीं हो सकता, बस विलासिता की भावना ने दोनों को लपेट लिया। समय–असमय विलासिता के वशीभूत होकर एक–दूसरे के आलिंगन में इस तरह डूब जाते कि लोगों ने माया का नाम ही 'तितली' रख दिया था। जब भी गाँव

में कभी गुज़रती तो कुछ युवा पीढ़ी वाले उन्हें देखकर गीत बना–बनाकर गाते तितली उड़ी... उड़ के चली... अं... ऊं... ने कहा– आजा मेरे पास... ।" आदि–आदि। धीरे–धीरे बातें विकास तक पहुँच ही गई। एक सुबह, रोज़ की तरह विकास नौकरी के लिए निकल चुका था। उसकी माँ भी उसे सहायता देने चल पड़ी। सभी कामगारों और माँ को खेत में छोड़कर वह घर वापस लौट आया। गाड़ी कुछ दूर ही पर रखकर दबे पांवों से घर में प्रवेश कर गया। माया और दिलफेंक को हमबिस्तर होते हुए देखकर पैरों तले ज़मीन खिसक गयी। पलभर में विकास पसीने से तर हो गया। एकक्षण उसे ऐसा लगा कि लिम्बा को तुरंत मार डाले, विकास फिर सम्भल गया। उसने सोच लिया कि आज ही माया से सारे रिश्ते तोड़ देगा। हालांकि उसका एक बेटा है, फिर भी अपने बेटे को लेकर माया को त्याग देने की बात सोच ली। उसने गरजकर कहा– "नीच औरत! यही तुम्हारा काम है?" अभी इतना ही कह पाया था कि लिम्बा ने विकास को धक्का दिया और कपड़े–लत्ते के साथ रफूचक्कर हो गया। माया हड़बड़ा कर चादर लपेटे एक ओर भाग चली। विकास को थोड़ी चोट भी आई। इस चोट ने तो मानो आग में ईंधन का काम कर दिया। विकास उठकर गरजता हुआ दोनों को खोजने लगा। बढ़बढ़ा रहा था– "यदि मुझे मिल जाओगे तो दोनों को छांटकर रख दूँगा। खा–खाकर चर्बी चढ़ गई है। और साला लिम्बा? जिस थाली में खाता है उसी में छेद करता है। मित्र बनकर आस्तिन का सांप बनता है। डायन भी एक–दो घर छोड़कर वार करती है और तुम इतने गए–गुजरे हो गए हो? छी...थू..." वह लम्बा गंड़ासा लिए इधर–उधर दौड़ने लगा। कोई न मिल पाने पर वह बरामदे में घुटनों के बल लुढ़क कर रोने लगा। पुरुष को इस प्रकार छाती पीटकर रोते हुए लोगों ने पहली बार देखा था।

वह जैसे कुछ घड़ी के लिए सब कुछ भूल बैठा। अचेत अवस्था में घर के अन्दर गया और शराब की बोतल से गटागट शराब पीने लगा। कुछ ही घड़ी में नशे में चूर बड़बड़ाते हुए वहीं सो गया। एक पड़ोसी ने विवेका को फोन किया। पता नहीं उस पर क्या गुजरेगी इसलिए सारी बातें इशारों में ही हुईं। विवेका के वापसी फोन पर पड़ोसी के बेटे ने कामगारों को लेने के लिए गाड़ी ली। वह खेत की ओर रवाना हो गया। इधर, माया ने चोरी–चुपके कुछ कपड़े लेकर अपने मायके का रास्ता ले लिया। घर कुछ घड़ी के लिए शांत तो हो गया, पर उस इलाके में जैसे आग लग गई हो। जगह–जगह पर जमा होकर लोग कुछ न कुछ बड़बड़ाते रहते। सभी लोग अपनी–अपनी ओर से कुछ न कुछ जोड़कर बातों का च्विंगम बना रहे थे। कोई माया को तो कोई लिम्बा को दोषी ठहरा रहा था।

विवेका के आने पर उसकी गोतनी ने सारा हाल सुनाया। विवेका दंग रह गई। बहू की बदचलनी पर उसे विश्वास नहीं हुआ। माया इतना मीठा बोलती थी कि मानो कोई भक्तिन भगवान के सामने नमन कर रही हो। आज उसे पता चला कि किसी की मीठी बातों पर नहीं जाना चाहिए। मीठे बोलों के पीछे जहरीला स्वाद छिपा रहता है। मुँह में राम–राम बोलने वालों की बगल में छुरी रहती है। माया ने कितने लोगों की आँखों में माया की पट्टी बांध दी है– आज पता चला। माया सचमुच मायावी ही थी। विवेका ने भी तय कर लिया कि ऐसी कुलक्षणा स्त्री को घर में जगह नहीं दी जा सकती। उसने अपने बेटे को धैर्य बंधाते हुए कहा– "चिन्ता मत करो बेटे! हम ऐसी औरत को घर पर नहीं लाएंगे।"

"घर लाने की बात छोड़ो माँ– मैंने तो सोचा है कि उसे जान से मार डालूँगा। उसने मेरे विश्वास को तोड़ा है। पूरे परिवार को बदनाम किया है।"

"हाँ विकास! उसने तो हमें मुँह छिपाने के लिए विवश कर दिया। गौरव को किसी भी तरह हम पाल लेंगे।" विवेका डरती थी कि कहीं विकास सचमुच ही उसको न मार डाले क्योंकि विकास पी लेने के बाद अपने होश खो बैठता है।

"हाँ माँ! गौरव हमारे परिवार का गौरव है। भला उस पर कैसे आंच आने देंगे।" दो–तीन दिनों बाद स्थिति सामान्य पर आने लगी। लिम्बा अपने काम पर जाता रहा। वह ऐसा जता रहा था कि कभी कुछ हुआ ही नहीं। विकास ने भी माँ के समझाने पर कानून को हाथ में लेना नहीं चाहा।

कुछ दिनों बाद माया के पिता विवेका के घर आए। सारी करतूतों के लिए पैरों पड़कर क्षमा–याचना की। उसने अपने दामाद से भी क्षमा माँगी। विकास जितना कठोर था उतना ही कोमल भी। बड़े व्यक्ति का क्षमा माँगना उसे अच्छा नहीं लगा। अपने ससुर को और नीचे झुकते नहीं देख सकता था। ससुरजी ने कहा– बेटा, विकास! मैं जानता हूँ कि मेरी बेटी ने बहुत भारी गलती की है। वह क्षमा के लायक तो नहीं, लेकिन गौरव की खातिर तुम उसे अपना लो। यदि ऐसा न हो पाया तो घर टूट जाएगा, बच्चा बिखर जाएगा।"

विवेका ने जोड़ा– "बच्चे की परवाह हमें है, उसे नहीं। हम अपने लाल को पाल लेंगे। आप लोग चिन्ता न करें।"

"मुझे पता है कि आप लोग गौरव को पाल लेंगे। फिर भी, बच्चे को कुछ पता नहीं। वह अपनी माँ को तो ढूंढ़ेगा ही। आप बड़ी हैं, आप इनका घर पुनः बसा दें। मैं आपसे विनती करता हूँ।"

ससुर की बात सुनकर विवेका भी थोड़ा पिघल गई। विकास का ससुर बहुत लायक आदमी था। उसने तो विकास का सारा घर ऐसे ही बनाया था। बिना

वेतन बिना किसी पैसे के। वह 'कॉण्ट्रैक्टर' था इसलिए सारा कुछ अपने खर्च पर किया था। इन बातों को याद करके विवेका ने कलेजे पर पत्थर रख लिया। विकास ने अपने अन्दर के जानवर को शांत कर लिया। उधर, माया ने भी इतना गिड़गिड़ा कर क्षमा माँगी कि विकास भी पिघल गया। वह माया को घर ले आया। वे पुनः पहले जैसे जीने के स्वप्न देखने लगे, लेकिन विकास को कहाँ चैन था। उसके सामने तो वह दृश्य जीवन्त हो जाता था। रह–रहकर जैसे उसमें एक जानवर जाग जाता था। वह मारने–काटने को दौड़ जाता था। माया कभी डर जाती, कभी भागकर अपने जेठ के पास, कभी पड़ोसी के पास भागती–छिपती फिरती। धीरे–धीरे विकास की इस आदत ने माया को उस से दूर किया। वह जेठ के चार बेटों में से छोटे अक्षय के साथ एकदम हिल–मिल गई। अक्षय युवावस्था में था और विपरीत लिंगों से आकृष्ट भी होता था। माया भी अक्षय को इस तरह आकर्षित करती कि बेचारा अपने होश खो बैठा। उन दोनों के बीच में कुछ हो गया था। धीरे–धीरे विवेका को भान हो गया। विकास की तो जैसे किसी भी चीज में दिलचस्पी ही नहीं थी सिवाय शराब के। विवेका की गालियों–बातों ने पुनः माया को मायके भेज दिया। लेकिन जैसे शेर के मुँह में खून लग जाता है और जैसे श्वान को गंदगी खाने की आदत हो जाती है, उसी तरह माया की भी आदत हो चुकी थी। वह मायके से भी अक्षय ही नहीं, लिम्बा के साथ भी रास रचाती फिरती थी। अब तो जैसे वह अपने ससुराल वालों को और भी बेईज़्ज़ती कराने पर तुल गई थी। गाँव में बात फैल गई कि विवेका की बहू तो वैश्यावृत्ति करने लगी है। कुछ लोग यह भी कहते– "कहाँ गई उसकी ओझाई–फुकाय, जंतर–मंतर, काला–जादू...?" तरह–तरह की बातें उड़ने लगीं।

विकास अपने बेटे के साथ नशे में धुत्त घूमता–फिरता हर चीज... हर बात और हर घटना से बेगाना रहता था। एक बार सुबह गाड़ी लेकर घर से निकला। किसी को पता नहीं, वह कहाँ जा रहा है। रात्रि का नशा अभी उतरा नहीं था। गाँव से निकलकर अभी पाँच किलोमीटर ही निकला था कि एक बड़ी लॉरी से टकरा गया। उसके प्राण–पखेरू घटनास्थल पर ही उड़ गए। विवेका की तो जैसे जान ही निकल गई। उसका बेटा जैसे उसका साहस था। हर माँ का बेटा एक परिवार के लिए स्तम्भ जैसा होता है। विकास भी ऐसा ही था। लेकिन होनी को कोई टाल भी नहीं सकता था। इस परिवार में केवल एक गौरव ही आँख का तारा बच गया था। शायद विवेका की बची–खुची सहनशीलता का प्रतीक रह गया था।

लाश मृत्युशैया पर थी। पूरा शरीर जैसे पट्टियों से लपेट दिया गया था। एक चेहरा ही बचा हुआ था। देखने वाले यही कहते– "देखो, जैसे उसके चहरे पर

अब भी मुस्कान बिखरी हुई है। शायद व्यंग्य भरी हँसी हो जो संकेत कर रही हो कि जिओ अपनी दुनिया में, मैं तो दूसरे लोक में जा रहा हूँ, जहाँ इतने कपट, छल, अविश्वास, और स्वार्थ नहीं है, रिश्तों से हाथ धोता हुआ राम नाम सत्य की गूंज से अर्थी शमशान घाट की ओर चल पड़ी।

विकास की लाश तो जल गई पर लिम्बा का जीवन जैसे एक जिंदा लाश जैसा हो गया। पत्नी ने उससे कहा– ''मैं भी नौकरी करती हूँ और तुम से भी अच्छी नौकरी, तुमसे ज़्यादा कमाती हूँ। समाज में मेरी इज़्ज़त तुमसे ज़्यादा है। मैं तुम जैसे बदनाम व्यक्ति के साथ नहीं रह सकती।'' वह अपनी बेटी को लेकर मायके चली गई। लिम्बा ने रोकने का प्रयत्न किया, लेकिन सब व्यर्थ रहा। उसका घर टूटकर ही रह गया। गाँववालों को मौका भी मिल गया, यह कहने के लिए कि जैसे करनी वैसी भरनी।

कहते हैं, भगवान की लाठी में आवाज़ नहीं होती। अभी विकास की चिता ठण्डी भी नहीं हुई थी कि विवेका को फोन मिला कि माया अपने गौरव को देखना चाहती है। पता नहीं क्या हुआ है कि उसे बेहोशी हो गई थी। वह अचेत होकर गिर पड़ी थी। बाद में पता चला कि उसके जिगर में पानी जमा हो गया है। शायद कोई जानलेवा बीमारी हो। इतना सुनकर विवेका को अच्छा लगा कि भगवान ने उसके किए की सज़ा दे दी, लेकिन दूसरे पल वह सोचने लगी कि इस बच्चे ने क्या कुसूर किया है जिससे उसे अनाथ होना पड़ा। जब तक वह जीवित है देख लेगी, लेकिन उसके बाद क्या होगा? वह सोच में पड़ गई। जहाँ एक ओर उसकी बहू अस्वस्थ है वहीं दूसरी ओर गौरव अकेला है। जहाँ बेटे की चिता अभी शांत नहीं हुई है वहीं गाँव में धमाल मच चुका है कि माया के चाहने वाले का घर टूट गया है। हर किसी से इसका संबंध जुड़ा है। विवेका को समझ में नहीं आता कि क्या करे और क्या न करे। ईश्वर के सामने कौन कुसूरवार है और कौन निर्दोष, सब वही जाने। मनुष्य के हाथ में सब कुछ थोड़े ही होता है?

■■■

अब बचा क्या है

अक्षय गाँव का होनहार युवक था। बचपन से ही मिलनसार स्वभाव का था और होता क्यों नहीं? कहते हैं कि परिवार का प्रभाव और वंशानुक्रम पीढ़ी दर पीढ़ी चली रहती है, अतः अक्षय भी इन सारी भावनाओं से ओत–प्रोत था। उसके इसी स्वभाव के कारण सभी लोग बहुत जल्दी हिल–मिल जाते थे। हाज़िर जवाबी होंठों पर मुस्कान, सहायता करने की चाहत जैसे उसके आभूषण थे जिन्हें वह हमेशा धारण किए हुए रहता था। अभी वह अठारह साल का था और एच.एस.सी. की कक्षा में पढ़ाई कर रहा था। देश के अच्छे कॉलेजों में गिने जाने वाला कॉलेज महात्मा गांधी संस्था में जाता था जहाँ आज भी सह शिक्षा है और वहाँ के छात्रों की मिसाल भी दी जाती है कि वे बड़े चरित्रवान होते हैं। अक्षय इन सभी गुणों से अछूता नहीं था।

मॉरीशस में एक फ़ैशन जैसा हो गया है कि बच्चों में निजी पाठ यानि प्राईवेट ट्यूशन लेने की बीमारी–सी लग गई है। जो पाठ न ले मानो वह परीक्षा में पिछड़ जाता है। अभिभावक भी ट्यूशन दिलाने में माथापच्ची एक कर देते हैं। अक्षय देश के प्रसिद्ध शिक्षक डॉ. कमल के पास अंग्रेज़ी और अंग्रेज़ी साहित्य का पाठ लेने लगा। काफी छात्र देश के कोने–कोने से आते थे। जिसके पास जितने पैसे थे वे वैसी गाड़ी में भी आते थे। अक्षय के माता–पिता दोनों नौकरीशुदा थे। इसीलिए वह बस द्वारा ही सफर करता था। कई सहपाठियों में टीना नाम की एक जवानी से भरपूर सुंदर और मेधाविनी छात्रा भी पाठ लेती थी। हालांकि कॉलेज अलग थे लेकिन पाठ एक ही जगह पर लेने के कारण और बस में साथ सफर करने की वजह से अक्षय और टीना के बीच एक अछूते–से प्यार का जन्म होने लगा। धीरे–धीरे प्यार गहराता गया, वक्त गुजरता गया और दोनों ने एस.एस.सी. की परीक्षा पास की। अब उन्होंने विश्वविद्यालय का रास्ता ले लिया था। उनका साथ प्रगाढ़ होता गया था। एक दूजे के बिना दिन कटता ही न था। कैंटीन में साथ चाय की चुस्की लेना, कभी रोटी खाना था कभी खाली समय में बैठकर घंटों बातें करते समय कैसे कट जाता, उन्हें बिल्कुल सुध नहीं रहती। मित्रों से तो ताने भी सुनने

पड़ते थे।'' वाह–वाह दोनों तो लैला–मजनूं, रोमियो–जूलियट, हीर–रांझा, शिरी–फरहाद बन गए हैं। एक–दूसरे के अलावा इन्हें कुछ सुझाई नहीं देता।'' तरह–तरह के लोग तरह–तरह के मुख सैकड़ों प्रकार की संरचनाएँ कर उदाहरण प्रस्तुत करते थे। कोई तो अश्लील और भद्दी विशेषणों से भी विभूषित करना नहीं भूलता था। जिसकी जैसी भावना उसकी ऐसी रुचि और बातें हुआ करती हैं।

समय के साथ दोनों का प्यार गहराता चला गया। पढ़ाई और नौकरी पा लेने के बाद दोनों ने निर्णय किया कि अब उनको शादी के बंधन में बंध जाना चाहिए। उम्र भी तीस के ऊपर हो चुकी है और शादी के बाद कम से कम एक बच्चा भी तो चाहिए। अधिक उम्र हो जाने के कारण कितने ही लोगों को बच्चे के लिए तरसना होता है। महिलाएँ माँ नहीं बन पातीं, पिता भी बच्चे के प्यार से वंचित रह जाता है। पूरी उम्र तरस में ही गुज़ारनी पड़ जाती है। एक रोज़ एक रेस्टोरेंट में खाते समय टीना ने अक्षय से बात छेड़ी– ''अक्षय, हमने कम से कम 12 साल एक–दूसरे के साथ गुजारे हैं। एक–दूसरे को अच्छी तरह पहचान चुके हैं। तुम्हें नहीं लगता कि अब हमें शादी कर लेनी चाहिए?''

''नेकी और पूछ–पूछ! टीना, तुमने मेरे मुँह की बात छीन ली। मैं भी आज यही कहने वाला था।'' हाथ थामे हुए अक्षय ने बात कही।

''चलो, अच्छा ही हुआ! इसे कहते हैं सच्चा प्यार। एक–दूसरे के दिल की बात जान जाएँ और समझ जाएँ तो इसका अर्थ यह होता है कि हम एक–दूसरे के करीब आ चुके हैं।'' टीना ने अक्षय के हाथों को जोर से दबाते हुए जोड़ा।

''ठीक है, आज ही मैं यह बात परिवार के सामने रखता हूँ। तुम भी ऐसा ही करो। मुझे पता है किसी को कोई रुकावट नहीं, फिर भी बड़ों की आज्ञा एक बार ले ही लेनी चाहिए।''

''तुम ठीक कहते हो अक्षय! उनकी भी तो आशाएँ और सपने बच्चों के प्रति बंधे हाते हैं।''

दोनों ने शादी की बात चलाई और भव्य रूप से शादी भी हो गई। शादी के पश्चात् अक्षय में बहुत भारी परिवर्तन आ गया। ऐसा महसूस होने लगा कि जितना आदर्श, नम्र और सहनशील अक्षय हुआ करता था अब वह सबसे परे हो चुका था। जिस काम–वासना को दबाकर रखा था मानो उसने सभी के वशीभूत होकर कामुकता की सरिता में डूब चुका। टीना को बड़ा आश्चर्य हुआ। वह समझती थी कि शादी के बाद शारीरिक मिलन भी एक भूख की तरह है पर अनुशासन और सहनशीलता भी तो जीवन के आदर्श हैं। उसे ऐसा लग रहा था कि उसको अक्षय ने वासना की एक वस्तु के सिवा कुछ नहीं समझा। उसे अपना गृहस्थ जीवन घिनौना लगने लगा। एक साल का जीवन जैसे अचानक स्वर्ग से नर्क में बदल गया। उन दोनों के बीच का सारा प्यार धीरे–धीरे नफरत का रूप लेने लगा और

एक अपारदर्शी दीवार–सी दोनों के समक्ष ऊँची होती चली जा रही थी। टीना उसे गिराना चाहती थी लेकिन अक्षय की ओर से किसी प्रकार सहयोग नहीं मिल रहा था। जीवन घिनौना, शर्मिंदा और उजाड़–सा लगने लगा। जहाँ एक–दूसरे के बिना वे पल नहीं गुजार पाते थे अब एक पल साथ गुजारना मुश्किल हो चुका था। वे एक–दूसरे का चेहरा तक देखना नहीं चाहते थे। समय ऐसा भी हो सकता है, टीना ने कभी सोचा न था। आदमी इतना बदल सकता है, यह सोचकर वह अपनी ऊँगलियाँ दांतों तले दबा लेती थी। सारे सपने चकनाचूर होते नजर आ रहे थे। इसमें किस की गलती थी, टीना की या अक्षय की, समझना आसान नहीं था। टीना की समझ में यह नहीं आता था कि शादी के बाद वासना में डूबना जीवन का सबसे बड़ा महत्व है या ज़िन्दगी की जिम्मेदारी महत्वपूर्ण है। इस दुविधा में वह जीवन काट रही थी।

उनके इस रवैये से जहाँ अनेक बड़े और होनहार–प्रसिद्ध प्रेमी–प्रेमिकाओं के नाम की संज्ञा देते थे वही आज दुनिया भर की नफरत के पात्र मानने लगे थे। बात करने पर अक्षय कभी सीधे मुँह बात नहीं करता। अक्सर शराब के नशे में चूर और घर देर से पहुँचना उसकी आदत–सी हो गई थी। घर आने पर भी वही कामुकता से भरे समय में ही रत रहता। इन सबके बावजूद भी वह कोई बच्चे को जन्म देना नहीं चाहता जिसके लिए टीना को प्रतीक्षा थी। स्वाभाविक भी है, शादी के बाद हर पत्नी माँ का दर्जा पाना चाहती है। ईश्वर ने जो ममता कूट–कूटकर भरी है उसे अपने शिशुओं तक पहुँचा कर उऋण होना चाहती है। टीना तो ऊब ही चुकी थी। उनके परिवार और दोस्त भी उनको यही सलाह देते कि "ऐसे आदमी के साथ जीवन बसर करना असम्भव है। उसे तलाक़ देकर इस दल–दल से निकल जाओ।" टीना इंकार करती आ रही थी। सहनशीलता की भी कोई सीमा होती है। एक समय ऐसा भी आया कि उसे इसी सलाह पर अमल करना चाहा। वह कभी भी अक्षय को अकेला नहीं छोड़ना चाहती थी। दोनों ने एक सुखी जीवन बिताने की कसमें खाई थीं। परिवार से अलग हटकर, क़र्ज़ लेकर ज़मीन की चारदीवारी कर घर बनाया था। सारी त्याग–तपस्या साथ करने के बाद भी आज अलग होने की नौबत आ गई है।

इन दोनों के रवैये का पता अक्षय के माता–पिता को लगा। शनिवार की शाम को कुछ सामान लिए दोनों अक्षय के पास पहुँचे। उन्होंने सोचा कि एक प्रीतिभोज के अवसर पर इनके बीच की दरार को समझने का प्रयास करेंगे। टीना ने उनका स्वागत–सत्कार किया। उनके प्रति आदर की भावना बिल्कुल नहीं घटी थी। वे भी अपनी बहू को यथासम्भव प्यार देते थे। सारा कुछ तैयार होने के बावजूद भी अक्षय घर पर देर से पहुँचा। पहुँचा भी तो कैसे, उसी तरह नशे में धुत्त। पैर ठीक से रखने की शक्ति तक नहीं थी। सोनिया को कुछ और समझाने की आवश्यकता

नहीं थी। सोनिया भी समझ गई कि उसका बेटा अक्षय कैसा था। बात–बात में टीना ने शर्माते हुए आखिर बता ही दिया कि अब अक्षय हवस का पुतला बन गया है। शराब पीने और बात बात पर भद्दी गाली देना, सीधे मुँह बात न करना उसकी आदत सी हो गई है। कुल मिलाकर यह कहा जा सकता है कि उसकी हरकतें असहनीय हो चुकी हैं।

टीना की बात सुनकर सोनिया और मुनेस को बहुत दुःख हुआ। ज़्यादा दुःख इस बात का था कि आज के युग में उनके घर से एक अच्छी बहू निकल रही है। बहुत सोच–समझकर और सम्भलकर मुनेस ने टीना को समझाया कि उसे जो अच्छा और श्रेष्ठ लगे, वही करे। उसको अच्छा नहीं लग रहा था कि वह अपना विचार अपनी बहू पर थोपे। मुनेस से भी बातें हुई लेकिन सारी बातें जैसे कच्चू के पत्ते पर पानी की तरह लुढ़क गईं। एक कान में प्रवेश होती और दूसरे कान से निकल जातीं। रात काफी हो चुकी थी इस लिए दोनों ने घर का रास्ता लिया। मुनेस और सोनिया गाड़ी में एकदम चुप बैठे घर लौट रहे थे। दोनों ही अपने–आपको कोस रहे थे कि उन्होंने जिसे कुलदीपक समझकर जन्म दिया, पाल–पोसा और बड़ा किया आज वह कुलनाशक सिद्ध हो गया। उनकी परवरिश में कौन सी कमी हो गई, उन्हें पता तक नहीं चल रहा था। उन्हें समझ में नहीं आ रहा था कि उस पर वातावरण का प्रभाव है या सत्संग या बुरी संगति का प्रभाव पड़ गया है। दोनों इसी उधेड़–बुन में घर पहुँच गए। रात्रि जैसे तारे गिन–गिनकर गुजार पाए।

दूसरे दिन टीना ने एक संस्था का रुख लिया जहाँ सारे लोग आजीवन ब्रह्मचारी रहते हैं और समाज सेवा में जीवन बसर करते हैं। टीना को वहाँ के वातावरण ने आकर्षित कर दिया। उसने सारा कुछ त्याग दिया और उस संस्था से सारी व्यवस्था करवा ली। अब वह संकल्प कर चुकी कि बाकी का जीवन इसी आश्रम में बिता देगी, कोई चाहे कुछ भी कहे। वह नौकरी पर जाती पर शाम को इसी संस्था में आ जाती। यही से काम पर जाती और जो भी वेतन प्राप्त होता वह उसी संस्था में दान दे देती। उसकी इस आदत से सभी लोगों को आश्चर्य होता लेकिन कोई कुछ नहीं पूछता या पूछने की हिम्मत नहीं करता क्योंकि टीना बातूनी होते हुए भी अब बहुत कम बोलती थी। वह उतना ही बोलती जितना ज़रूरी हो। सभी लोग सोचते रहते कि आखिर क्या हुआ होगा जो एक युवा स्त्री ऐसे जीती है। कुछ लोग जानने का प्रयास करते थे ताकि सहायता कर सके। कुछ लोगों ने समझाया भी लेकिन टीना अपनी मर्जी की मालकिन बन चुकी थी।

उधर, अक्षय का जीवन भी जैसे असंतुलित हो गया। नशे की हालत में वह हर चीज से बेगाना होता लेकिन नशा टूटते ही उसे टीना की याद आती। उस की याद इतनी सताती कि वह जी नहीं पाता। पल काटना भी मुश्किल हो जाता। उसे किए प्यार की याद आती। ऐसी स्थिति आते ही वह पुनः शराब के नशे में

डुबकी लगा लेता और कुछ क्षणों के लिए सब कुछ बिसार देने का प्रयास करता। ऐसी हालत ने उससे नौकरी भी छुड़वा दी। कभी इसके साथ तो कभी उसके साथ कभी फुटपाथ पर लुढ़के हुए मैले–कुचैले लोगों के साथ भी दोस्ती करता। दोस्ती क्या, बल्कि केवल कुछ समय काटने के लिए एकाध गुड़की पीकर वास्तविकता से कटने के लिए हरकतें करता। अब तो स्थिति ऐसी भी हो गई थी कि कभी वह दुकान के बरामदे में तो कभी अपने घर के बाहर जीवन काटता था। न खाने की सुध थी न पीने की। रह–रहकर उसे टीना की याद सता रही थी। हालांकि वह विलासी था लेकिन ग़ैर स्त्री के बारे में कभी नहीं सोचा था। टीना के सिवा उसके जीवन में किसी और स्त्री को जगह नहीं मिली थी।

टीना भी संकल्प लेने के बावजूद भी अक्षय को भुला न पाती थी। अकेलेपन में अक्षय के सिवा उसे कुछ याद ही नहीं आता। गुजारे हुए हरेक पल को बहुत बारीकी गहराई और गम्भीरता से याद कर परेशान होती थी। कभी स्वयं में मुस्कराती, कभी दुःखी होती। उसकी हालत अर्धविक्षिप्त जैसी हो गई थी। एक रोज़ रात्रि के समय अपनी संस्था से चुपके से निकलकर बाहर आ गई। उसकी तीव्र इच्छा थी कि वह अक्षय को एक नजर देख ले। भले ही उससे बातें न करे, लेकिन आँखों द्वारा हृदय की प्यास भी बुझ जाए। टीना दबे पांव शॉल लपेटे उस ओर कदम बढ़ाने लगी और टैक्सी पकड़कर उस जगह पर गई जहाँ पर अक्षय लुढ़का हुआ फूट–फूटकर रो रहा था। कभी 'टीना–टीना' कहकर दारुण गाथा बयान कर रहा था। इस स्थिति को देखकर टीना से रहा नहीं गया। वह दौड़कर भागी और कुछ दूर जाकर फूट–फूटकर रोने लगी। उससे अक्षय की हालत देखी नहीं जा रही थी। उसे दुःख हो रहा था कि जिस आदमी से उसने प्यार किया, जीवन का सर्वस्व माना, आज उसकी ऐसी हालत कैसे देख पाएगी। उसे कुछ सूझ नहीं रहा था कि क्या करे। सोचते हुए वह अपनी संस्था की ओर लौटी। आते हुए वह सोच रही थी कि उसे पुनः अक्षय के जीवन में लौटना होगा। उसे अक्षय को सँभालना होगा। कहीं इसके कारण दो ज़िन्दगीयाँ ख़राब न हो जाएँ। इतना सोचते हुए वह आश्रम तक लौट आई। सुबह को वह ज़िम्मेदार लोगों से बात करने वाली थी। उससे अक्षय का जीवन इस तरह बर्बाद होते हुए देखा नहीं जाता था।

साहस बटोरकर और अपने संकल्प को तोड़ते हुए सुबह को अंजलि माय से कहा– ''माँ, सबसे पहले मैं आपसे क्षमा चाहूँगी यदि मुझसे कोई गलती हुई होगी। आज तक आप लोगों ने मुझे आश्रम में पनाह दी, बहुत ख़ुशी हुई। आपने माँ का प्यार दिया। माँ जैसे ही मुझे सँभाला।''

''अंजलि माय को समझ में नहीं आ रहा था कि टीना के दिमाग में क्या चल रहा है। आखिर क्यों ऐसी बातें कर रही हैं। वह तो गम्भीर स्वभाव की अच्छी और दृढ़ संकल्प वाली लड़की है... फिर... ऐसा सोचते हुए अपनी जिज्ञासा को उभारने

के लिए पूछ ही दिया।'' ''टीना बेटी! क्या हुआ... क्यों ऐसी बातें कह रही हो? आश्रम छोड़ने का इरादा है क्या?''

टीना फूट–फूटकर रोने लगी। रोते हुए स्वर में वह बोलने लगी। ''पहले तो वादा तोड़ने के लिए क्षमाप्रार्थी हूँ माय! सब कुछ त्यागने के बाद भी मैं अक्षय को भुला न पायी हूँ। उसका प्यार मुझे कहीं का नहीं छोड़ रहा है। उसकी याद मेरी जान धीरे–धीरे, चुपके–चुपके ले रही है। मैं वापस उसको समझाने व सँभालने के लिए जाना चाहती हूँ।''

''देख बेटी! मैं प्यार भरे दिलों को टूटने नहीं देना चाहती लेकिन समाज–परिवार की इज़्ज़त तो सिर–आँखों पर रखनी होगी। यदि किसी की जान पर आ पड़ी है तो मैं रोकूँगी नहीं। फिर भी, इतनी सलाह जरूर दूँगी कि हर कदम को सोच–समझकर उठा। भविष्य को ध्यान में रखकर ही कदम आगे बढ़ाना।''

इतना बोलते हुए माय ने टीना को स्वतंत्र छोड़ दिया। टीना उस ओर ऐसे चल पड़ी जैसे बंधी हुई प्यासी बछिया खुलने पर अपनी माँ के पास जाते समय किसी चीज का ख़्याल नहीं करती। वह जल्द से जल्द जाना चाहती थी। रास्ते पर एक ऐसी जगह पहुँची जहाँ बहुत से लोग जुटे हुए थे। टीना का माथा ठनका, धड़कने तेज हो गईं। मन ही मन सोचने लगी कही अक्षय का...। नहीं–नहीं, ऐसा नहीं हो सकता। वह मुझे छोड़कर अकेले नहीं जा सकता। भीड़ को चीरती हुई आगे बढ़ी। ज़मीन पर पड़ी हुई एक लावारिस लाश पड़ी थी। वह किसी और की नहीं अक्षय की ही थी। पहले तो अवाक् रह गई फिर लोगों की सहायता से उसका अंतिम संस्कार भी करवाया।

टीना को अब ऐसा लगा कि इस जीवन का कोई और उद्‌देश्य ही नहीं है। यह तो किसी के काम भी नहीं आया। न स्त्री होने का फर्ज ही निभा पायी न ही पत्नी–माँ होने का ऋण चुका पायी। एक अधूरी और खाली जीवन जैसे बड़े शून्य में छोटा शून्य समा गया हो। वह गम्भीर सोच में डूबी हुई थी। कदम अपने आप उसी आश्रय की ओर चल पड़े एक और क्षमा, एक और संकल्प, एक और कसम–फिर शेष ज़िन्दगी अंजलि मायके आश्रम में...।

■■■